AMIGURUMI
Crochet debutant

39 adorables animaux à créer avec des instructions et des illustrations claires et faciles à suivre

Michelle Pfizer

Copyright 2023 - Tous droits réservés.

Le contenu de ce livre ne peut être reproduit, reproduit ou transmis sans l'autorisation écrite directe de l'auteur ou de l'éditeur. En aucun cas, l'éditeur ou l'auteur ne sera tenu responsable des dommages, réparations ou pertes pécuniaires causés par les informations contenues dans ce livre. Directement ou indirectement.

Avis juridique :

Ce livre est protégé par le droit d'auteur. Ce livre est réservé à un usage personnel. Vous ne pouvez modifier, distribuer, vendre, utiliser, citer ou paraphraser aucune partie, ni le contenu de ce livre, sans le consentement de l'auteur ou de l'éditeur.

Avis de non-responsabilité :

Veuillez noter que les renseignements contenus dans ce document sont à des fins éducatives et de divertissement seulement. Tous les efforts ont été déployés pour présenter des informations exactes, à jour, fiables et complètes. Aucune garantie d'aucune sorte n'est déclarée ou implicite. Les lecteurs reconnaissent que l'auteur ne donne pas de conseils juridiques, financiers, médicaux ou professionnels. Le contenu de ce livre a été dérivé de diverses sources. Veuillez consulter un professionnel autorisé avant d'essayer toute technique décrite dans ce livre.

En lisant le présent document, le lecteur convient que l'auteur n'est en aucun cas responsable des pertes, directes ou indirectes, subies en raison de l'utilisation des renseignements contenus dans le présent document, y compris, mais sans s'y limiter : erreurs, omissions ou inexactitudes

Introduction 7

1. Premiers pas faciles 9

2. Le Points de base 17

3. Motifs ludiques à crocheter 21

Amigurumi motifs

4. Compagnons de maison 27

5. Créatures de la mer 43

6. Les amis de la ferme 65

7. Animaux sauvages 73

8. Jolies minions 87

9. Les grands amours 95

Résumé 113

Bonus 114

Introduction

Amigurumi est une forme d'art japonais du crochet millénaire. Le terme Amigurumi signifie "un objet artisanal doux, crocheté ou tricoté". L'utilisation de fils et d'aiguilles pour créer des créatures complexes et mignonnes est une tradition très ancienne au Japon.

L'Amigurumi a maintenant conquis le monde et est apprécié par les crocheteurs qui souhaitent créer des jouets en peluche uniques. En utilisant du fil et des points de crochet de base, il est facile de créer des animaux, des poupées, des créatures fantastiques, etc. Cela donne au produit fini un aspect lisse, sans que le rembourrage ne ressorte des larges trous. Le produit fini peut être de grande ou de petite taille, selon le fil utilisé. Les crochets généralement utilisés pour l'Amigurumi comprennent des tailles allant jusqu'à 3,5 mm.

Vous aurez besoin de fournitures supplémentaires : des aiguilles à broder pour coudre votre pièce finie, du rembourrage pour remplir votre jouet et des yeux de sécurité / googly comme accessoires.

Les animaux crochetés sont mignons à regarder et parfaits pour les enfants. Leurs charmants yeux en forme de boutons, leurs joues rougies et leurs beaux sourires procurent un immense plaisir aux jeunes enfants. Ils constituent un cadeau idéal pour les vacances ou les anniversaires, pour vos enfants ou petits-enfants. Ce sont de magnifiques souvenirs émotionnels.

Commencez par les bases et mettez un peu de magie dans vos créations. Établissez une tradition avec vos enfants et petits-enfants et voyez comment l'amour se manifeste lorsque les cadeaux faits à la main dépassent l'anonymat des cadeaux achetés en magasin.

Si vous êtes novice en matière de crochet, ne vous inquiétez pas ! Ce livre a été préparé pour les débutants en Amigurumi et les crocheteurs de tous niveaux. Donc, si vous voulez commencer avec des modèles simples, ce livre est parfait pour vous.

Crochet Amigurumi présente une collection de 39 modèles d'animaux soigneusement sélectionnés, rien que pour vous. Nous sommes sûrs que vous trouverez leurs motifs colorés et leurs instructions claires très intéressantes et agréables à réaliser.

Le livre est parfait pour ceux qui aiment le crochet et le bricolage, et les modèles sont simples à suivre pour les débutants. On vous montrera et on vous enseignera les bases des points de crochet pour vous aider à vous lancer. Les abréviations utilisées dans le livre sont expliquées sur la page des instructions de base. Cela vous permettra de lire les différents modèles sans effort.

Une fois que vous avez maîtrisé les points de crochet de base, il est relativement simple de passer aux méthodes d'Amigurumi. Il vous suffit alors d'apprendre à travailler en rond et à fabriquer Nous avons nommé chaque animal selon nos préférences personnelles pour rendre l'expérience plus personnelle. Cependant, vous pouvez choisir de donner à vos jouets un nom qui les rendra encore plus personnels.

Vous avez le choix entre sept créatures marines différentes. Choisissez celle qui vous plaît, de l'étoile de mer éblouissante au poisson clown amusant. Ensuite, nous passons à nos amis domestiques, ou plutôt, à nos magnifiques animaux de compagnie.

Encore une fois, ces modèles sont simples pour débuter, donc Noodle le poussin et Basil la souris sont rapides à crocheter.

Rendez-vous à la ferme, où vous trouverez quatre animaux à crocheter. Shaun le mouton et Penny le cochon vous attendent.

Si vous avez déjà crocheté ces animaux, vous pouvez passer à notre collection d'animaux sauvages. Nous avons toute une gamme d'animaux sauvages parmi lesquels vous pouvez choisir, comme un hippopotame, un éléphant, un ours, un lion, un tigre et un bébé dinosaure. Vous voyez, nous n'en avons oublié aucun ! Vos enfants seront ravis de la grande variété d'animaux que vous pouvez facilement créer pour eux.

1 *Premiers pas faciles*

Comment faire une maille coulée (mc)

 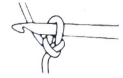

Pour commencer, faites une boucle avec le fil.

Accrochez l'extrémité libre de la boucle avec le crochet au centre de la boucle. Tirez-la à travers et vers le haut sur la zone de travail du crochet.

Pour fermer la boucle, tirez sur l'extrémité libre du fil. La boucle du crochet doit être bien serrée. Vous venez de réaliser une maille coulée (mc)."

Comment créer a Maille coulée (mc)

 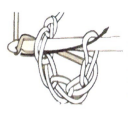

Le Maille coulee est utilisé pour réunir le travail en rondes ou pour se déplacer sur une rangée sans ajouter de hauteur.

Pour faire une rangée de points de glissement, tournez votre travail et enchaînez 1. Ce n'est pas une chaîne tournante et vous travaillerez donc également sur le premier point. Mettez le crochet au premier point et tirez le fil par-dessus.

Dessinez le fil à travers les deux boucles du point et sur le crochet.

Un Maille coulee a été complété.

Continuez à enfiler le point dans chacun des points restants.

Comment fair a chaînette (ch)

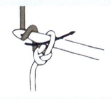 

Pour commencer, faites un nœud coulant sur le crochet. Faites ensuite une maille en l'air en enroulant le fil autour du crochet de l'arrière vers l'avant et en le tirant à travers la boucle sur le crochet. Cela crée votre première maille de chaînette.

Pour créer d'autres mailles de chaînette, enroulez à nouveau le fil autour du crochet de l'arrière vers l'avant et tirez-le à travers la boucle sur le crochet pour créer une nouvelle maille. Répétez cette étape autant de fois que nécessaire pour atteindre la longueur de chaînette souhaitée.

En résumé, pour faire une chaînette, faites un nœud coulant, faites une maille en l'air, enroulez le fil autour du crochet et tirez-le à travers la boucle pour créer une nouvelle maille, puis répétez pour créer des mailles de chaînette supplémentaires.

Comment fair a Maille serrée (ms)

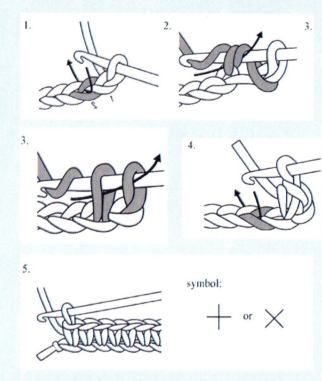

Pour commencer, faites une chaînette de six mailles en l'air.

Pour créer votre première maille serrée, insérez le crochet dans la deuxième maille en partant du crochet, en passant sous la barre arrière et en sautant la première maille. Enroulez le fil autour du crochet de l'arrière vers l'avant et tirez-le à travers la maille, créant ainsi deux boucles sur le crochet.

Ensuite, enroulez à nouveau le fil autour du crochet et tirez-le à travers les deux boucles, créant ainsi une seule boucle sur le crochet. Cela crée votre première maille serrée.

Pour créer des mailles serrées supplémentaires, insérez le crochet dans la maille suivante de la chaînette, en passant sous la barre arrière, et répétez les mêmes étapes pour créer une nouvelle maille serrée. Répétez cette étape pour chaque maille de la chaînette jusqu'à la fin.

Pour travailler la rangée suivante de mailles serrées, tournez votre travail de manière à ce que vous travailliez sur l'envers.

Faites une maille en l'air, appelée chaînette tournante, puis insérez le crochet dans la dernière maille du rang précédent, en passant sous les deux boucles supérieures.

Enroulez le fil autour du crochet de l'arrière vers l'avant et tirez-le à travers la maille, créant ainsi deux boucles sur le crochet.

Ensuite, enroulez à nouveau le fil autour du crochet et tirez-le à travers les deux boucles pour créer une nouvelle maille serrée. Répétez cette étape pour chaque maille serrée du rang précédent jusqu'à la fin.

En résumé, pour faire une maille serrée, insérez le crochet dans la maille, en passant sous la barre arrière, enroulez le fil autour du crochet et tirez-le à travers la maille pour créer deux boucles sur le crochet.

Ensuite, enroulez à nouveau le fil autour du crochet et tirez-le à travers les deux boucles pour créer une seule boucle sur le crochet.

Répétez cette étape pour chaque maille jusqu'à la fin de votre travail.

Comment fair a Demi bride (db)?

Figure 1

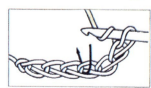 

Figure 2

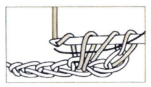 

Faites une chaînette de 15 mailles.

Enroulez le fil autour du crochet de l'arrière vers l'avant. Insérez le crochet dans la troisième maille à partir du crochet en sautant les deux premières mailles.

Dessinez le fil sur le crochet, à travers la maille de chaînette et sur la zone de travail du crochet. Sur le crochet, il y a trois boucles. Tirez le fil sur les trois boucles du crochet en l'amenant par-dessus le crochet.

Vous avez maintenant réalisé une demi-bride (db).

Continuez à crocheter une demi-bride dans chaque maille restante.

Pour travailler la rangée suivante de demi-brides, tournez votre ouvrage de manière à ce que vous travailliez sur le dos.

Faites une chaînette de 2, qui s'appelle votre chaînette tournante. Cette chaînette tournante est maintenant votre première demi-bride de la rangée suivante.

Commencez à travailler à partir de la deuxième maille. Continuez à faire une demi-bride dans chaque maille restante.

Comptez vos mailles pour avoir le bon nombre de demi-brides dans chaque rangée.

Comment fair a Bride (br)?

Figure 1

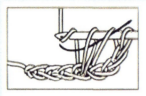

Figure 2

 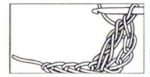

Faites une chaîne de 15.

De l'arrière vers l'avant, amenez le fil sur le crochet, sautez les trois premières mailles en l'air, puis placez le crochet dans la quatrième maille en l'air.

Dessinez le fil de l'arrière vers l'avant sur le crochet, à travers la maille en l'air et jusqu'à la zone de travail du crochet.

Sur le crochet, vous avez trois boucles. Prenez le fil sur le dos du crochet et amenez-le à travers les deux premières boucles.

Au-dessus du crochet, vous aurez deux boucles. Amenez le fil autour de l'arrière du crochet et faites-le glisser à travers les deux boucles du crochet.

Un bride simple est terminé.

Continuez à crocheter deux fois dans chacune des mailles en l'air restantes.

Pour travailler la rangée suivante de brides, tournez votre ouvrage de manière à ce que vous travailliez sur le dos.

Faites une maille en l'air de 3, qui s'appelle votre chaînette de base.

Cette chaînette de base est maintenant votre première bride de la rangée suivante.

Alors, commencez à travailler à partir de la deuxième maille en l'air. Continuez à faire une bride simple dans chaque maille en l'air restante. Comptez vos mailles pour avoir le bon nombre de brides dans chaque rangée.

Comment fair a Triple bride (tb)

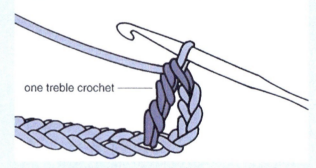

Faites une chaîne de 15.

Enroulez le fil deux fois autour du crochet de l'arrière vers l'avant, sautez les quatre premières chaînes et placez le crochet dans la cinquième chaîne du crochet.

Dessinez le fil de l'arrière vers l'avant sur le crochet, à travers le point de chaînette et sur la zone de travail du crochet.

Sur le crochet, il y a quatre boucles.

Dessinez le fil sur les deux premières boucles du crochet à l'aide du crochet. Sur le crochet, vous avez trois boucles.

Ramenez le fil sur le crochet et faites-le glisser dans les deux boucles suivantes du crochet.

Sur le crochet, vous avez deux boucles.

Passez le fil à travers le crochet et à travers les deux dernières boucles du crochet. Vous venez de terminer un triple bride. Continuez à crocheter un triple bride dans chacune des chaînes restantes.

Pour travailler la rangée suivante de triple bride, tournez votre travail de manière à ce que vous travailliez sur l'arrière.

Faites une chaîne 4, qui s'appelle la chaîne tournante.

Cette chaîne tournante est maintenant votre première triple bride de la rangée suivante. Alors, commencez à travailler à partir du deuxième point.

Continuez à faire un triple bride dans chaque maille restante. Comptez vos mailles pour avoir le bon nombre de triple brides dans chaque rangée.

Dix étapes pour faire un Cercle magique (Cm)

Le Cercle Magique est également appelé anneau magique et est principalement utilisé dans les projets Amigurumi.

Vous continuez à travailler en rond pour obtenir une structure creuse qui peut être bourrée.

1. Commencez par former un cercle avec votre fil.
2. Pincez et maintenez le fil ensemble là où ils se croisent.
3. Insérez votre crochet et tirez le fil à travers votre anneau.
4. Tirez la boucle tout au long et jusqu'au sommet de l'anneau.
5. Faites une maille en l'air (ml) et faites autant de mailles serrées (ms) que requis par le motif.
6. Tirez l'extrémité du fil pour fermer le cercle.

7. Tirez sur l'extrémité du fil pour serrer le cercle et former une boucle fermée.
8. Insérez le crochet dans la boucle fermée.
9. Faites une maille en l'air (ml) pour commencer le premier tour.
10. Continuez à crocheter selon le motif requis.

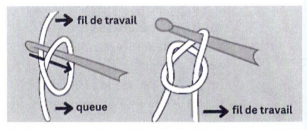
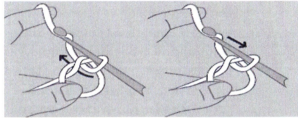
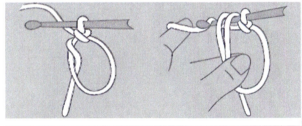
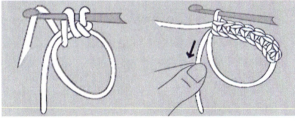
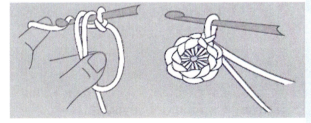

Travail en boucle dans le Brin arrière seulement (Bas)

Vous pouvez également crocheter en utilisant uniquement le brin arrière d'un point au lieu des deux brins. Placez votre crochet sous le brin arrière uniquement et réalisez votre point selon les instructions de votre patron.

Travail en maille serrée dans le Brin frontal seulement (msBfs)

Vous pouvez également crocheter uniquement dans la boucle avant d'une maille serrée par opposition aux deux boucles. Placez votre crochet sous la boucle avant uniquement et faites une maille serrée au crochet selon votre patron..

Augmentation (Aug)

Vous pouvez augmenter le nombre de mailles en répétant la même maille selon votre modèle. Par exemple, une augmentation (aug) dans une rangée de mailles serrées (ms) signifie faire deux mailles serrées dans le même espace..

Diminution (Dim)

Pour réduire le nombre de mailles serrées (ms) dans un travail au crochet, vous pouvez utiliser une diminution de mailles serrées (dim ms).

Pour cela, insérez votre crochet dans la première maille, prenez le fil et tirez-le à travers la boucle. Laissez cette boucle en attente sur le crochet.

Insérez ensuite le crochet dans la maille suivante, amenez le fil et tirez-le à travers la boucle. Vous devriez avoir trois boucles sur votre crochet.

Tirez le fil à travers les deux premières boucles sur le crochet, puis tirez-le à travers les deux dernières boucles restantes.

Cela crée une diminution de mailles serrées (dim ms) qui réduit deux mailles serrées de la rangée précédente à une seule maille serrée dans la rangée actuelle.

Tout ce dont Vous auriez besoin pour Amigurumi.

- Fil: Vous pouvez utiliser n'importe quel type de fil pour Amigurumi. Cependant, les trois types de fils les plus populaires sont :
- 100% coton : c'est parfait pour les personnes allergiques à la laine. Il donne également une belle finition à la surface du produit.
- Fil mélangé : c'est un fil léger qui convient parfaitement pour les grands projets.
- Fil acrylique : c'est le fil le plus économique à utiliser. Il a une texture fibreuse, donc vos mailles doivent être serrées pour garder la forme du produit.
- Crochet: Les projets Amigurumi nécessitent un crochet de petite taille pour que la farce ne soit pas visible. Chaque motif fournit des informations sur la taille exacte du crochet à utiliser. Idéalement, la taille du crochet doit correspondre au fil utilisé.
- Farce: La farce en Polyfill est facilement disponible en ligne et est utilisée pour farcir les pièces de votre jouet.
- Yeux de sécurité / Perles / Yeux écarquillés : Pour donner vie à votre jouet, vous pouvez utiliser des yeux de sécurité de différentes tailles. Pour les jouets destinés aux jeunes enfants, il est recommandé de coudre des perles sur les jouets pour éviter qu'ils ne se détachent facilement. Les yeux écarquillés sont une autre option qui peut être collée sur le jouet. Dans tous les cas, des précautions de sécurité doivent être prises.
- Cure-pipes / Fil : Vous pouvez en avoir besoin pour donner à votre jouet une structure et une mobilité.
- Ciseaux: Assurez-vous d'avoir une bonne paire de ciseaux tranchants pour faire des coupes nettes dans le fil.
- Brosse pour chien : Cet article est facultatif, mais il est souvent utilisé pour fabriquer des amigurumi avec une texture de poil. Elle peut être utilisée pour brosser l'amigurumi pour agiter les fibres et créer cette apparence de fourrure brossée!

Abréviations utilisées:

Aug = augmentation

Br /b= bride

Bas = boucle arrière seulement

Bfs = dans le brin avant seulement

C = carré or cône (not sure what this abbreviation refers to)

Ch = chaînette

Cm = cercle magique

Couper le fil = cut the yarn

Db = demi bride

Db = double bride

Dim = diminution

Dim-inv = diminution invisible

Faire un jeté = yarn over

Fermer le cercle = close the circle

Gm = grappe maille

m = mailles

mc = maille coulée

ml = maille levée

ms = maille serrée

Passer le fil dans la maille suivante = pass the yarn through the next stitch

Pm = picot maille

Tb = triple bride

CC = changer couleur (change color)

REMARQUE: Sauf indication contraire, les articles sont travaillés en rond, chaque rang se terminant par une maille coulée (**mc**) dans le haut de la première maille (**m**).

2 Le Points de base

Vous devez pratiquer les points de base et maîtriser les différentes terminologies du crochet pour créer votre chef-d'œuvre. Bien que vous puissiez toujours chercher une référence rapide sur le point que vous devez utiliser dans ce livre, il est plus confortable de crocheter si vous avez mémorisé comment faire certains points. Vous rencontrerez également certains termes de crochet sous leur forme abrégée, ce qui vous permettra de pratiquer votre langage du crochet.

Picot Maille

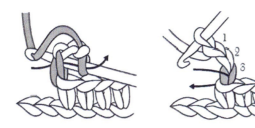

Dans ce guide, nous utilisons " Pm " pour symboliser une maille picot. Les picots sont utilisés pour ajouter de la décoration à un motif et parfois comme garniture.

Pour ajouter un Pm, effectuez les étapes suivantes sur la zone prévue :

Faites 3 mailles en l'air (ml)

Insérez votre crochet dans la 3ème maille à partir de votre crochet.

Faites une maille coulée (mc) pour fermer la maille.

Répétez les étapes 1 à 3 pour ajouter d'autres picots.

Ainsi, vous pouvez ajouter des picots aux endroits où vous souhaitez les intégrer dans votre motif.

Grappe Maille

L'abréviation de Grappe Maille est "Gm". Une Grappe Maille forme généralement un triangle. Pour mieux illustrer cela, vous aurez besoin de mailles (b) pour faire une grappe. Vous devez laisser les 2 boucles restantes ouvertes dans les 3 premières brides (b).

Pour commencer, enfilez et insérez votre crochet dans la maille suivante. Faites votre première bride (b), mais lorsque vous n'avez plus que 2 boucles restantes sur votre crochet, ne glissez pas le fil à travers les 2 boucles restantes. Laissez les boucles suspendues à votre crochet, et vous obtiendrez une bride inachevée (b).

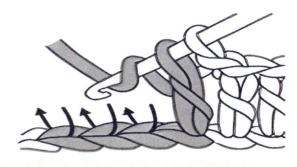

Enfilez et insérez votre crochet dans le point suivant pour faire votre deuxième bride (br). Ensuite, vous aurez quatre boucles sur votre crochet.

Enfilez et glissez le fil à travers les deux premières boucles de votre deuxième bride (br). À ce stade, vous aurez trois boucles sur votre crochet. Laissez-les pendre. Vous devriez avoir deux brides (br) inachevées.

Répétez cette étape avec les brides (br) restantes que vous devez créer pour former votre grappe maille.

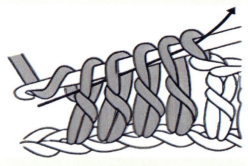

À ce stade, vous devriez avoir quatre brides (br) inachevées. Enfilez votre crochet, puis glissez le fil à travers les cinq boucles sur votre crochet pour former une grappe maille (Gm) d'une bride (br).

Maille Popcorn (Pc/PcM)

Ce point est nommé Popcorn (PcM) car il ressemble à un grain de popcorn. Un popcorn est une maille arrondie et compacte qui ressort. Vous pouvez placer votre maille Popcorn devant ou derrière - cela dépend de l'effet que vous souhaitez obtenir dans votre pièce.

Pour faire une maille Popcorn, vous avez besoin de 5 brides (b) travaillées ensemble en une seule maille.

Retirez votre crochet de la boucle actuelle tout en veillant à ne pas perdre cette boucle et laissez-la pendre temporairement.

Pour faire apparaître votre maille Popcorn devant, insérez votre crochet devant (comme indiqué) la première bride (b) du groupe. Insérez votre crochet par l'arrière si vous voulez que la maille Popcorn apparaisse à l'arrière.

Accrochez votre boucle pendante et laissez-la glisser à travers la dernière bride (b) pour obtenir une maille Popcorn.

V-Maille

Les mailles en V ressemblent à la lettre "V", d'où leur nom. Vous pouvez utiliser cette maille librement, surtout si vous souhaitez créer des motifs en dentelle. Vous pouvez également serrer et comprimer vos points de suture.

Pour commencer, faites une bride (b), une maille en l'air (ch) et une autre bride (b) sur la même maille.

Pour former la maille en V, insérez le crochet dans l'espace entre les deux brides et faites une bride (b).

Gardez à l'esprit que les deux brides (b) doivent être crocheter sur la même maille.

Maille Coquille

La Maille Coquille est un point de crochet adaptable et qui se décline en différentes variantes.

Pour commencer, faites 4 brides (b) sur la même maille.

Vous devriez être capable de créer une coquille inversée.

La Maille Coquille est plus facile à réaliser qu'une grappe.

Vous pouvez fermer chaque bride (b) immédiatement et vous n'avez pas besoin d'attendre la dernière bride (b) pour fermer la maille.

Maille Bouffant

Les mailles Bouffantes créent une texture différente dans votre travail. Ce point suit la même procédure que le Cluster, mais vous devez travailler tous les points (b) dans la même maille. Vous devez également travailler sur 3 mailles (b) pour créer une maille Bouffante.

Pour commencer, faites un point de base et laissez les 2 dernières boucles ouvertes ou pendantes. Vous devriez avoir 1 maille (b) inachevée sur votre crochet.

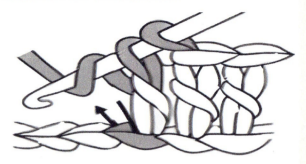

Commencez avec votre 2ème bride (b) sur la même maille que la première bride inachevée. Laissez les 3 boucles suspendues à votre crochet.

Maintenant, faites votre 3ème et dernière bride (b) pour former votre maille bouffante et rassemblez-la avec les 2 premières brides (b) au même endroit.

Passez le fil dans les 2 premières boucles, vous aurez alors 4 boucles accrochées à votre crochet. Passez ensuite le fil à travers les 4 boucles restantes et vous obtiendrez une maille bouffante (b).

3 Motifs ludiques à crocheter

Crochet de Tapisserie

Le crochet de Tapisserie est souvent utilisé pour travailler en rond dans l'amigurumi. Cet exemple utilise une maille serrée (ms).

Pour commencer, faites un tour de mailles en utilisant votre couleur d'origine. Pour ajouter une nouvelle couleur de fil, tenez la nouvelle couleur derrière votre travail et crochetez quelques mailles pour la fixer. Pour changer de couleur, arrêtez de travailler avec l'ancienne couleur avant d'atteindre le point où vous souhaitez utiliser la nouvelle couleur.

Pour ajouter la nouvelle couleur, insérez votre crochet dans le prochain point, achetez du fil avec la nouvelle couleur et tirez normalement. Le nouveau point de couleur fonctionne comme une maille normale, mais cette fois, vous travaillez sur la queue de fil de l'ancienne couleur.

Pour revenir à la couleur d'origine, insérez votre crochet dans le prochain point, mais enfilez-le avec la couleur d'origine et tirez normalement. Le point de couleur d'origine fonctionne comme une maille normale, mais cette fois, il fonctionne sur la queue de fil de la nouvelle couleur.

Répétez ce processus chaque fois que vous souhaitez changer de couleur.

Maille Glissé de Surface

Commencez avec une base de mailles au crochet ; dans cet exemple, il s'agit d'une maille serrée (ms).

Insérez votre crochet de haut en bas dans l'ouvrage où vous souhaitez commencer les mailles de surface.

En partant du bas, prenez le fil pour le crochet de surface, faites une boucle sur le crochet et tirez doucement à travers l'ouvrage.

Tirez sur une boucle à partir de l'extrémité du fil qui travaille, puis tirez sur l'ouvrage comme pour une maille coulée (mc) à travers l'autre boucle.

Continuez selon le motif souhaité.

Travail en Ligne

Le travail en ligne consiste simplement à travailler d'un côté à l'autre, en allant de l'avant vers l'arrière. Vous pouvez vous fier à votre modèle pour connaître le nombre de mailles à réaliser. Pour cet exemple, nous utiliserons une maille serrée (ms). Supposons que votre modèle vous demande de faire 10 chaînettes :

Vous ferez alors une maille serrée (ms) dans la première chaînette du crochet, puis dans toutes les chaînettes suivantes.

Maintenant, tournez votre travail et faites une maille en l'air pour enchaîner (ml).

Ensuite, faites une maille serrée (ms) dans chaque maille, en commençant par la 2ème maille à partir du crochet, sauf indication contraire du motif.

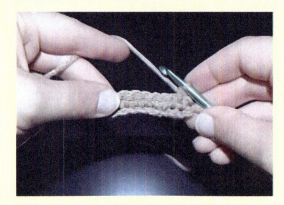

Travailler par Cycles

En bref, cela signifie simplement que vous travaillerez en rond. Vous devrez vous référer à votre modèle car il vous indiquera combien de mailles en l'air vous devez faire

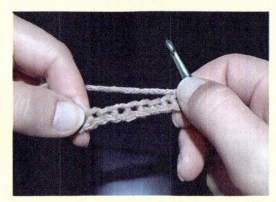

Crocheter le nombre de mailles en l'air requis.

Reliez la première et la dernière maille en réalisant une maille coulée (mc). Cela formera un anneau.

Au premier tour, vous crochèterez dans chaque maille, sauf indication contraire du motif.

Pour terminer chaque tour, faites une maille coulée (mc) en crochetant la dernière maille et la première maille ensemble.

Pour le prochain tour, faites une chaîne (nous faisons une chaîne pour la maille serrée (ms)) et faites une maille serrée (ms) dans chaque maille du tour précédent. Terminez en faisant une maille coulée (mc) pour connecter.

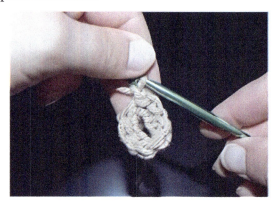

Changer de Couleur

Insérez le crochet dans la prochaine maille, puis enfilez le nouveau fil de couleur que vous avez choisi.

Tirez doucement le fil à travers seulement 1 boucle sur le crochet.

Relâchez maintenant l'extrémité libre de la couleur d'origine du fil et maintenez le nouveau fil de couleur contre la pièce.

Enfilez le crochet avec la nouvelle couleur de fil.

Tirez doucement la nouvelle couleur de fil à travers les 2 boucles restantes sur le crochet.

Maintenant, avec la nouvelle couleur de fil, continuez votre motif comme indiqué.

4 Compagnons de maison

Crochetons certains de nos animaux de compagnie bien-aimés.

Ces amis à fourrure sont parfaits pour être crocheter, en particulier pour les enfants. Avec leurs visages mignons, ils représentent l'amour que les animaux nous portent.

Créez-les dans des couleurs vives et observez le visage de votre enfant s'illuminer d'admiration. Maintenant... créons-les tous!

1. Nouilles le Poussin

Laissez Noodle, le Poussin, vous éblouir de ses yeux pétillants.

Ce petit poussin est parfait pour Pâques, aussi, comme cadeau de vacances. Avec des points simples, vous pouvez ébouriffer les nouilles en un rien de temps. Faites-le de différentes couleurs pour attirer vos enfants.

Ce dont vous avez besoin :

- Fil peigné dans la couleur de votre choix
- Orange fil
- Un crochet de 4 mm
- Une paire d'yeux de sécurité de 6 mm
- Farce
- Aiguille à broder pour coudre

Corps :

1. C1 : 6 ms en Cm (6)
2. C2 : aug dans chaque m (12)
3. C3 : (ms 1, aug 1) * 6 (18)
4. C4 : (ms 5, aug 1) * 3 (21)
5. C5 : (ms 6, aug 1) * 3 (24)
6. C6 : (ms 7, aug 1) * 3 (27)
7. C7 : (ms 8, aug 1) * 3 (30)
8. C8 : (ms 9, aug 1) * 3 (33)
9. C9 : (ms 10, aug 1) *3 (36)
10. C10-17 : ms dans chaque m (36)
11. Bourrer le corps.
12. Fixez les yeux à C10.
13. C18 : (ms 4, dim 1) * 6 (30)
14. C19 : (ms 3, dim 1) *6 (24)
15. C20 : (ms 2, dim 1) *6 (18)
16. C21 : (ms 1, dim 1) *6 (12)
17. C22 : dim 1 * 6 (6)
18. Attachez et tissez aux extrémités.
19. Coupez quatre morceaux de fil d'environ 2 pouces de long et attache-les au sommet de la tête avec un nœud. Coupez la longueur en conséquence.

Ailes (Faire 2):

1. C1 : 5 ms en Cm (5)
2. C2 : ch1, tourner, ms en 1m, ms, 2 db, 3 b, 2 db, mc
3. C3 : ch1, tourner, ms, ms, ms, aug 1, aug 1, aug 1, ms, ms, ms
4. Fermer laissant une longue queue à coudre.
5. Cousez la tête des ailes sur le côté du corps à C11.

Bec :

1. Utilisez du fil orange pour broder des mailles droites autour de C12 et C13 entre les yeux.

Pied :

1. Utilisez du fil orange.
2. ch 5, mc dans le 2ème ch à travers le crochet, (ch2, mc dans chacun de ces 2 ch) *2, mc dans les 3 ch restants] * 2
3. Fermer laissant une longue queue à coudre.
4. Cousez les pieds à la partie inférieure du corps vers l'avant.

2. Basilic la Souris

Une souris autour de la maison peut aussi être amusante. Laissez ces yeux adorateurs vous attirer vers lui. Le Basilic est super rapide à créer et peut être fabriqué dans une variété de couleurs. Modifiez la taille du crochet pour créer des versions plus grandes de lui.

Ce Dont aous avez besoin :

- Fil peigné dans la couleur de votre choix
- Rose fil
- Crochet de 3 mm et 3,5 mm de diamètre
- Comprend une paire d'œillets de sécurité de 4 mm
- Farce
- Aiguille à broder à coudre

Corps :

1. Utilisez un crochet de 3,5 mm
2. C1 : ch2, quatre ms en 2ème ch à partir du crochet (4)
3. C2 : (aug 1, ms 1) *2 (6)
4. C3 : (ms 1, aug 1) *3 (9)
5. C4 : (ms 2, aug 1) *3 (12)
6. C5 : ms dans chaque m (12)
7. C6 : (ms 2, aug 1) *4 (16)
8. C7 : (ms 3, aug 1) *4 (20)
9. Fixez les yeux au C4 avec 5 mailles de suture entre les deux.
10. C8-13 : ms dans chaque m (20)
11. C14 : (ms 3, dim 1) * 4 (16)
12. Bourrer le corps.
13. C15 : (ms 2, dim 1) * 4 (12)
14. C16 : dim dans chaque m (6)
15. C17 : (passer suivante m, mc) * 3 (3)
16. C18 : ch 20
17. Fermer et tissez aux extrémités

Oreilles (Faire 2) :

1. Utilisez un crochet de 3 mm
2. C1 : 6 ms en Cm (6)
3. C2 : aug dans chaque m (12)
4. Fermer laissant une longue queue à coudre.
5. Cousez les oreilles à C10.
6. En utilisant du fil rose, brodez autour de C1 du corps pour ressembler à un nez.

3. Cacahuète le Chien

Alors, qui ne voudrait pas avoir son animal de compagnie préféré sous forme de jouet ?

Pour ceux qui ne peuvent pas en avoir un à la maison, c'est la meilleure option. Ensuite, fabriquez ce chien câlin et amusez-vous à jouer avec lui pendant des années. Avec sa jolie langue qui dépasse, il sera un excellent compagnon toute la journée.

Ce Dont vous avez besoin :

- Fil peigné dans la couleur de votre choix
- Fil rouge foncé
- Crochet rond de 3,5 mm
- Comprend une paire d'œillets de sécurité de 4 mm
- Farce
- Aiguille à broder à coudre

Tête :

1. C1 : 6 ms en Cm (6)
2. C2 : aug dans chaque m (12)
3. C3 : (ms 1, aug 1) * 6 (18)
4. C4 : (ms 2, aug 1) * 6 (24)
5. C5-9 : ms dans chaque m (24)
6. C10 : (ms 3, aug 1) * 6 (30)
7. C11 : (ms 4, aug 1) * 6 (36)
8. C12 : (ms 5, aug 1) * 5, ms 6 (41)
9. C13 : (ms 6, aug 1) * 5, ms 6 (46)
10. C14 : (ms 7, aug 1) * 5, ms 6 (51)
11. C15-17 : ms dans chaque m (51)
12. C18 : (ms 7, dim 1) * 5, sc 6 (46)
13. C19 : (ms 6, 1er dim) * 5, sc 6 (41)
14. C20 : (ms 5, dim 1) * 5, sc 6 (36)
15. C21 : ms dans chaque m (36)
16. C22 : (ms 4, dim 1) *6 (30)
17. C23 : (ms 3, dim 1) *6 (24)
18. C24 : (ms 2, dim 1) *6 (18)
19. Fixez les œillets de sécurité en place. Bourrez la tête.
20. C25 : (ms 1, dim 1) * 6 (12)
21. C26 : dim * 6 (6)
22. Attachez et tissez aux extrémités.
23. En utilisant du fil noir, cousez un nez avec des points droits.

Oreilles (Faire 2) :

1. C1 : 3 ms en Cm (3)
2. C2 : aug dans chaque m (6)
3. C3 : (ms 1, aug 1) * 3 (9)
4. C4 : ms dans chaque m (9)
5. C5 : (ms 2, aug 1) * 3 (12)
6. C6 : ms dans chaque m (12)
7. C7 : (ms 3, aug 1) * 3 (15)
8. C8 : ms dans chaque m (15)
9. C9 : (ms 4, aug 1) * 3 (18)
10. C10-16 : ms dans chaque m (18)
11. Cousez les extrémités ouvertes à l'aide de ms.
12. Fermer laissant une longue queue à coudre.
13. Cousez les oreilles sur le côté de la tête

Corps :

1. C1 : 8 ms dans Cm (8)
2. C2 : aug dans chaque m (16)
3. C3 : (ms 1, aug 1) * 8 (24)
4. C4 : (ms 2, aug 1) * 8 (32)
5. C5 : (ms 3, aug 1) * 8 (40)
6. C6-17 : ms dans chaque m (40)
7. C18 : (ms 3, dim 1) *8 (32)
8. C19-25 : ms dans chaque m (32)
9. C26 : (ms 2, dim 1) * 8 (24)
10. C27 : (ms 1, dim 1) * 8 (16)
11. Bourrer le corps.
12. C28 : dim * 8 (8)
13. Fermer laissant une longue queue à coudre.
14. Attachez la tête au corps.

Jambes (Faire 4) :

1. C1 : 6 ms en Cm (6)
2. C2 : aug dans chaque m (12)
3. C3 : (ms 1, aug 1) * 6 (18)
4. C4 : (ms 2, aug 1) * 6 (24)
5. C5-6 : ms dans chaque m (24)
6. C7 : ms 12, (ms 2, dim 1) * 3 (21)
7. C8 : ms 12, (ms 1, dim 1) * 3 (18)
8. C9 : ms 12, (1 dim.) * 3 (15)
9. C10–21 : ms dans chaque m (15)
10. Farcir les cuisses et les fesses en laissant une longue queue à coudre.
11. Cousez les jambes fermées et cousez en place sur le corps.

Queue :

1. ch 10, ms en 2ème ch à travers le crochet, ms, ms, db en 6 m.
2. Fermer et cousez la queue au corps.

Langue :

1. Utilisez du fil rouge
2. C1 : ch 4, ms en 2ème ch à travers le crochet, ms, ms C2 : ch1, tour, aug 1, ms, aug 1
3. C3 : ch1, tour, ms dans chaque m
4. C4 : ch1, tour, dim 1, ms, dim 1
5. Fermer et cousez jusqu'au moufle.

4. Bucky the Lapin

Bucky est un adorable petit lapin que vous aimerez avoir dans votre maison. Avec ses longues oreilles parfaites, il est un cadeau unique pour tous. Vous pouvez également rendre Bucky coloré en laissant libre cours à votre imagination, et ainsi avoir une famille entière de lapins prêts à jouer.

Ce dont vous avez besoin :

- Fil peigné dans la couleur de votre choix
- Crochet de 4 mm de diamètre
- Comprend une paire d'œillets de sécurité de 6 mm
- Farce
- Aiguille à broder à coudre

Tête et Corps :

1. C1 : 6 ms en Cm (6)
2. C2 : aug dans chaque m (12)
3. C3 : (ms 1, aug 1) *6 (18)
4. C4 : (ms 2, aug 1) *6 (24)
5. C5 : (ms 3, aug 1) *6 (30)
6. C6 : (ms 4, aug 1) *6 (36)
7. C7 : (ms 5, aug 1) *6 (42)
8. C8-14 : ms dans chaque m (42)
9. Fixez les œillets de sécurité à C11.
10. C15 : (ms 5, dim 1) *6 (36)
11. C16 : (ms 4, dim 1) *6 (30)
12. C17 : (ms 3, dim 1) *6 (24)
13. C18 : (ms 2, dim 1) *6 (18)
14. C19 : (ms 1, dim 1) * 6 (12)
15. Bourrez la tête et continuez à travailler le corps.
16. C20 : (ms 5, dim 1) * 2 (14)
17. C21 : (ms 1, dim 1) * 7 (21)
18. C22 : (ms 2, dim 1) * 7 (28)
19. C23–28 : ms dans chaque m (28)
20. C29 : (ms 2, dim 1) *7 (21)
21. C30 : (ms 1, dim 1) *7 (14)
22. C31 : dim * 7 (7)
23. Bourrez bien le corps.
24. Fermer et tissez aux extrémités.

Oreilles (Faire 2) :

1. C1 : 5 ms en MR (5)
2. C2 : aug dans chaque m (10)
3. C3 : (ms 1, aug 1) * 5 (15)
4. C4-5 : ms dans chaque m (15)
5. C6 : (ms 3, dim 1) * 3 (12)
6. C7 : ms dans chaque m (12)
7. C8 : (ms 2, dim 1) * 3 (9)
8. C9 : ms dans chaque m (9)
9. C10 : (ms 1, dim 1) *3 (6)

10. Fermer laissant une longue queue à coudre.
11. Cousez les oreilles vers le haut de la tête.

Bras (Faire 2) :

1. C1 : 6 mr en Cm (6)
2. C2 : (ms 1, aug 1) * 3 (9)
3. C3 : sc dans chaque m (9)
4. C4 : (sc 1, déc 1) * 3 (6)
5. C5-8 : ms dans chaque m
6. Fermer laissant une longue queue à coudre.
7. Attachez les bras au visage du corps.

Jambes (Faire 2) :

1. C1 : 6 ms en Cm (6)
2. C2 : aug dans chaque m (12)
3. C3 : (ms 1, aug 1) *6 (18)
4. C4-6 : ms dans chaque m (18)
5. Farcir les jambes.
6. C7 : (ms 1, dim 1) * 6 (12)
7. C8 : dim * 6 (6)
8. C9 : ms dans chaque m (6)
9. Fermer laissant une longue queue à coudre.
1. Attachez les jambes au corps.

Queue :

1. C1 : 6 ms en Cm (6)
2. C2 : aug dans chaque m (12)
3. C3 : ms dans chaque m (12)
4. C4 : dim * 6 (6)
5. Fermer laissant une longue queue à coudre.
6. Attachez la queue au corps.

5. Mia le Chat Pusheen

Ce personnage de chat de dessin animé est un adorable jouet au crochet que vous pouvez créer pour vos enfants. Vous pouvez changer les couleurs du fil pour le rendre plus attrayant. Cette peluche est parfaite pour les enfants qui aiment le personnage de Pusheen. Alors, n'hésitez pas et amusez-vous à créer cet adorable compagnon en peluche...

Ce dont vous avez besoin :

- Laine peignée en 3 couleurs : gris clair (**L**), gris foncé (**D**), noir (**B**)
- CC : changer couleur
- Crochet de 4 mm de diamètre
- Comprend une paire d'œillets de sécurité de 6 mm
- Farce
- Aiguille à broder à coudre

Corps :

1. Utilisez **L**
2. C1 : 6 ms en Cm (6)
3. C2 : ms aug dans chaque m (12)
4. C3 : (ms en 1ère, m aug 1) * 6 (18)
5. C4 : (ms dans 2 m, ms aug 1) *6 (24)
6. C5 : (ms en 3 m, ms aug 1) *6 (30)
7. C6 : (ms en 4 m, ms aug 1) *6 (36)
8. C7 : ms en 3 m, CC D ms en 9 m, CC L ms en 24 m (36)
9. C8 : ms en 3 m, CC D ms en 10 m, CC L ms en 23 m (36)
10. C9-10 : ms dans chaque m (36)
11. C11 : sc à 3 m, CC D sc à 11 m, CC L sc à 22 m (36)

12. C12 : ms à 3 m, CC D ms à 12 m, CC L ms à 21 m (36)
13. C13-19 : ms dans chaque m (36)
14. Fixez les yeux de sécurité.
15. C20 : (ms en 4 m, ms dim 1) * 6 (30)
16. C21 : (ms en 3 m, ms dim 1) * 6 (24)
17. C22 : (ms en 2 m, ms dim 1) * 6 (18)
18. C23 : (ms en 1ère, ms dim 1) * 6 (12)
19. Farcir la tête et continuer à travailler le corps R24 : (dim) * 6 (6)
20. Attachez et tissez aux extrémités.

Queue :

1. Utilisez **D**
2. C1 : 6 ms en Cm (6)
3. C2 : (ms en 1ère, ms aug 1) * 3 (9)
4. CC L
5. C3-4 : ms dans chaque m (9)
6. CC D
7. C5-6 : ms dans chaque m (9)
8. CC L
9. C7-8 : ms dans chaque m (9)
10. CC **D**
11. C9 : ms dans chaque m (9)
12. Farcir à queue.
13. C10 : (ms en 1 m, ms dim 1) *3 (6)
14. Fermer en laissant une longue queue à coudre.
15. Attachez la queue au corps.

Oreilles (Faire 2) :

1. Utilisez **L**
2. C1 : 3 ms en Cm (3)
3. C2 : ms aug dans chaque ms (6)
4. C3 : ms dans chaque m (6)
5. C4 : (ms en 1ère, ms aug 1) * 3 (9)
6. Serrez en laissant une longue queue à coudre.
7. Fixez les oreilles sommet du corps.

Pieds (Faire 4) :

1. Utilisez **L**
2. C1 : 3 ms en Cm (3)
3. C2 : ms aug dans chaque ms (6)

4. Serrez en laissant une longue queue à coudre.
5. Fixez les pieds au bas du corps.
6. En utilisant B broder une bouche et des moustaches.
7. Cousez trois points droits au-dessus des yeux avec **D**.

6. Buzz l'abeille couvre-bouteille

Ce dont vous avez besoin :

- Et dans ce motif, j'utilise du fil de coton jaune, noir et blanc.
- Crochet de suspension taille N-3,00 mm.
- Fibre
- Les yeux de sécurité
- Aiguille à coudre manuelle
- Fil à broder en coton
- Marqueur de maille de broderie

Les mailles utilisées dans ce Motif

- Cm : cercle magique
- ms : maille serrée
- mc : maille culée
- b : bride

Continuez à crocheter en cercle continus et n'oubliez pas d'utiliser un maille marqueur au début de chaque cercle.

Tête et Corps :

1. Avec le fil noir, commencez par un cercle magique Cm.
2. C1 : 6 ms dans Cm.

3. C2 : (aug) X6 = 12 m.
4. C3 à C4 : ms autour des 12 m = 12 mailles

5. Passez à la couleur jaune en faisant un mc dans la première maille du cercle suivant. Ensuite, attachez les deux fils ensemble pour fixer la nouvelle couleur, mais ne coupez pas le fil noir.

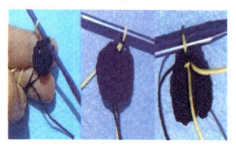

6. C5 : (ms dans la m suivante, aug dans la m suivante) X6 = 18 mailles.

7. C6 : (ms dans les 2 m suivantes, aug dans le point suivant) X6 = 24 mailles.

8. C7 : (ms dans les 3 m suivantes, aug dans le point suivant) X6 = 30 mailles.

9. C8 : (ms dans les 4 m suivantes, aug dans le point suivant) X6 = 36 mailles.

10. Passez au fil noir.

11. C9 : (ms dans les 5 m suivantes, aug dans le point suivant) X6 = 42 mailles.

12. De C10 à C11 : ms autour des 42 M = 42 mailles.

13. Passez au fil jaune.

14. De la C 12 à la C 14 : ms autour dans toutes les 42 M = 42 mailles

15. Avant de terminer la dernière ms sur la C 14, passez au fil noir.

16. De la C 15 à la C 16 : ms autour dans toutes les 42 M = 42 mailles.
17. C17 : (ms dans les 5 m suivantes, dim dans le point suivant) X6 = 36 mailles.
18. Avant de terminer la dernière ms sur la C 17, passez au fil jaune.

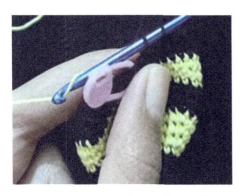

19. C18 : (ms dans les 4 m suivantes, dim dans le point suivant) X6 = 30 mailles.
20. C19 : (ms dans les 3 m suivantes, dim dans le point suivant) X6 = 24 mailles.
21. C20 : (ms dans les 2 M suivantes, dim dans le point suivant) X6 = 18 mailles.
22. Avant de terminer la dernière ms sur la C 20, passez au fil noir.

À partir de là, j'ai terminé le motif du corps et je vais commencer le motif

de la **tête**:

1. C22 : (ms dans la m suivante, aug dans la m suivant) X6 = 18 mailles.
2. C23 : (ms dans les 2 m suivantes, aug dans le m suivant) X6 = 24 mailles.
3. C24 : (ms dans les 3 m suivantes, aug dans le m suivant) X6 = 30 mailles.
4. C25 : (ms dans les 4 m suivantes, aug dans le m suivant) X6 = 36 mailles.
5. C26 : (ms dans les 5 m suivantes, aug dans le m suivant) X6 = 42 mailles.

23. C21 : (ms à la m suivante, dim au m suivant) X6 = 12 mailles.
24. Avant de terminer la dernière ms sur la C 21, passez au fil jaune.
25. Ensuite, coupez le fil noir et attachez la queue du fil noir avec le fil jaune pour le fixer.

6. De la C 27 à la C 29 : ms autour dans toutes les 42 M = 42 mailles

7. Farcissez-le de fibres et placez les yeux sur la C 5 à environ 4 mailles de suture l'un de l'autre.

8. C30 : (ms dans les 5 m suivantes, dim dans le m suivant) X6 = 36 mailles
9. C31 : (ms dans les 4 m suivantes, dim dans le m suivant) X6 = 30 mailles.
10. C32 : (ms dans les 3 m suivantes, dim dans le m suivant) X6 = 24 mailles.
11. C33 : (ms dans les 2 m suivantes, dim dans le m suivant) X6 = 18 mailles.
12. C34 : (ms à la m suivante, dim au m suivant) X6 = 12 mailles.

13. Farcissez-le de fibres.

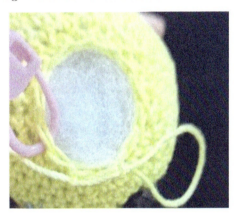

15. C 35 : (dim) X6 = 6 mailles.

16. Terminez avec mc.
17. Serrez en laissant une queue et utilisez-la pour fermer le trou.
18. Passez la queue en boucles devant 6 mailles, puis tirez-la bien et laissez

l'extrémité de la queue dans le dos pour coudre l'abeille à la housse.

Coulisse :

1. Faites deux ailes avec le fil blanc.
2. Commencez par un Cm.
3. C1 : 6 ms dans Cm.
4. C2 : (aug) X6 = 12 mailles.
5. C3 : (ms dans la m suivante, aug dans la m suivante) X6 = 18 mailles.
6. De la C 4 à la C 7 : ms autour dans toutes les 18 M = 18 mailles.
7. C 8 : (ms à la m suivante, dim au m suivant) X6 = 12 mailles.
8. De la C 9 à la C 10 : ms autour dans toutes les 12 M = 12 mailles.
9. C 11 : (dim) X6 = 6 mailles.
10. C 12 : ms autour des 6 M = 6 mailles.
11. Terminez par un mc, serrez en laissant une queue pour la couture.

Antenne :

1. Faire deux avec le fil noir
2. Commencez par un Cm.
3. C1 : 6 ms dans Cm.
4. C2 : (aug) X6 = 12 mailles.

5. C7 : ms autour des 12 M = 12 mailles.
6. C4 : (dim) X6 = 6 mailles.
7. De la C 5 à la C 8 : ms autour dans les 6 M = 6 mailles.
8. Terminez par un mc.

Serrez en laissant une queue pour la couture

Assemblée:

1. Pour être sûr d'avoir tout placé dans la bonne position, utilisez des épingles pour fixer chaque pièce à la place avant de les coudre.
2. Cousez l'antenne sur les côtés de la tête.

3. Cousez les ailes dans le dos.

4. Broder la bouche et les sourcils.

5. Maintenant, vous avez terminé l'abeille.

7. Cache-bouteille pour biberon de 220 ml

Je vais crocheter la housse pour un biberon de 220 ml :

1. Avec le fil jaune, commencez par un anneau magique.
2. C1 : 6 ms dans Cm.
3. C2 : (aug) X6 = 12 mailles.

4. C3 : (ms dans la m suivante, aug dans la m suivante) X6 = 18 mailles.

5. C4 : (ms dans les 2 m suivantes, aug dans le m suivant) X6 = 24 mailles.

6. C5 : (ms dans les 3 m suivantes, aug dans le m suivant) X6 = 30 mailles.

7. C6 : (ms dans les 4 m suivantes, aug dans le m suivant) X6 = 36 mailles.

8. C7 : (ms dans les 5 m suivantes, aug dans le m suivant) X6 = 42 mailles.

9. C8 : (ms dans les 6 m suivantes, aug dans le m suivant) X6 = 48 mailles.

10. C9 : (ms dans les 7 m suivantes, aug dans le m suivant) X6 = 54 mailles.

11. C10 : (ms dans les 8 m suivantes, aug dans le m suivant) X6 = 60 mailles.

12. C11 : Dans la boucle arrière uniquement, faites le tour des 60 M = 60 mailles

13. Du C 12 au C 43 : ms around dans les 60 m = 60 mailles.

NOTE : Vous pouvez continuer à faire des ms autour de vous jusqu'à ce que vous atteigniez la longueur désirée, mais ici, comme j'utilise une bouteille de 220 ml, je n'ai besoin que de 32 mailles de plus.

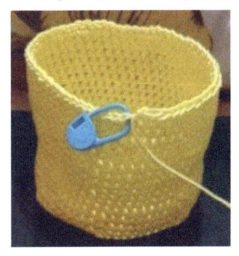

14. Avant de terminer la dernière ms sur la C 43, passez au fil noir.
15. Ensuite, coupez le fil jaune et attachez la queue du fil jaune avec le fil noir pour le fixer.
16. C 44 : ms autour dans toutes les 60 M = 60 mailles.

17. Terminez par une mc.
18. Fermer et cachez la queue à l'arrière de votre travail.
19. Cousez l'abeille à la couverture.

5 Les céatures de la mer

Êtes-vous prêt à commencer votre voyage dans le monde de l'Amigurumi avec nous ?

Alors plongeons dans l'océan. Vous allez adorer fabriquer ces superbes créatures marines aux couleurs vives. Que ce soit une tortue ou une baleine, nous avons tout ce dont vous avez besoin.

Grâce à des patrons faciles à lire, vous pourrez réaliser ces merveilles en un rien de temps. Ces jouets au crochet sont parfaits pour offrir en cadeau ou pour décorer votre maison

8. Cailloux, l'étoile de mer

Cette mignonne petite étoile de mer attend qu'on joue avec elle. Vous pouvez la créer dans la couleur de votre choix. Cette étoile de mer est fabriquée en assemblant deux pièces et en les rembourrant. Il suffit ensuite de coudre un sourire sur son visage et de la laisser égayer votre journée.

Ce dont vous avez besoin :

- Fil peigné de la couleur de votre choix 50g
- Fil Noir
- Crochet de 3 mm et 3,5 mm
- Farce
- Aiguille à broder pour coudre

Corps (faites-en 2) :

1. 1.Utilisez un crochet de 3,5 mm
2. 2.C1 : 5 ms dans Cm (5)
3. 3.C2 : 2 ms dans chaque m (10)
4. C3 : (ms 1, aug 1) *5 (15)
5. 5.C4 : (ms 2, aug 1) *5 (20)
6. 6.C5 : (ms 3, aug 1) *5 (25)
7. 7.Changez pour un crochet de 3 mm
8. 8.C6 : (ch 14, mc dans le 2ème ch du crochet, mc, 2 ms, 4 db, 4 b, 1 Tb, mc dans les (4 prochaines ms du corps) * 5
9. 9.C7 : (1 Tb dans la première ms du bras, 4 b, 4 db, 2 ms, 2 mc, continuer à mc dans les mc de C6 jusqu'à atteindre le prochain bras) * 5 [Figures ci-dessous].
10. 10.Ne pas faire de Fermer.

Assemblée :

1. 1.En gardant les deux pièces ensemble, mc autour des bords tout en bourrant au fur et à mesure.
2. 2.Avec du fil noir, brode les yeux et la bouche.

9. Inky la pieuvre

Inky est une adorable petite pieuvre que vous pouvez réaliser en un rien de temps. Le corps est farci et les tentacules sont simples : ce modèle ne pourrait pas être plus facile. Choisissez la couleur qui vous plaît et rendez-la aussi brillante que possible.

Ce dont vous avez besoin :

- Fil peigné dans la couleur de votre choix 50g
- Bouts de fil blanc
- Fil noir brillant
- Crochet rond de 3,5 mm
- Comprend une paire d'œillets de sécurité de 6 mm
- Farce
- Aiguille à broder à coudre

Corps :

1. Utilisez la couleur de fil de votre choix
2. C1 : 6 ms en Cm (6)
3. C2 : aug dans chaque ms (12)
4. C3 : (ms1, aug 1) *6 (18)
5. C4 : (ms 2, aug 1) *6 (24)
6. C5 : (ms 3, aug 1) *6 (30)
7. C6 : (ms 4, aug 1) *6 (36)
8. C7 : (ms 5, aug 1) *6 (42)
9. C8-13 : ms dans chaque m (42)
10. C14 : (ms 5, dim 1) *6 (36)
11. C15 : (ms 4, dim 1) *6 (30)
12. Vous pouvez maintenant attacher les yeux entre C12 et C13 avec 8 m entre les deux. En utilisant du fil noir, cousez la bouche sur C14.
13. C16 : (ms 3, dim 1) *6 (24)
14. C17 : (ms 2, dim 1) *6 (18)
15. Bourrer le corps.
16. C18 : (ms 1, dim 1) *6 (12)
17. C19 : dim dans chaque m (6)
18. Fermer laissant une longue queue à coudre.

Tentacules (Marque 8)

Ceci est fait avec deux pièces cousues ensemble : une dans la couleur principale et une en blanc, avec fil blanc :

1. C1 : ch 20, tourner
2. C2 : sc en 2ème ch à travers le crochet, ms en suivant, db en 17 m, Fermer.
3. Répétez la même chose avec le fil de la couleur principale mais ne le faites pas Fermer. Gardez les morceaux ensemble, puis ms en 18, 3 ms, ms en 18. Laisse une longue queue à coudre

Assemblé :

1. 1.Cousez les tentacules sur la tête autour de C5

10. Jell-O la Méduse

Cette méduse est une variation du motif de la pieuvre, et constitue un ajout sympa à votre collection d'amigurumis. Vous pouvez en faire plusieurs dans différentes couleurs. Elles sont absolument adorables et peuvent également être utilisées comme porte-clés.

Ce dont vous avez besoin :

- Fil peigné dans la couleur de votre choix 50g
- Fil noir brillant
- Crochet rond de 3,5 mm
- Comprend une paire d'œillets de sécurité de 9 mm
- Farce
- Aiguille à broder à coudre
- Bas : boucle arrière seulement

Corps :

1. Utilisez la couleur de fil de votre choix
2. C1 : 6 ms en Cm (6)
3. C2 : aug dans chaque m (12)
4. C3 : (ms 1, aug 1) *6 (18)
5. C4 : (ms 2, aug 1) *6 (24)
6. C5 : (ms 3, aug 1) *6 (30)
7. C6 : (ms 4, aug 1) *6 (36)
8. C7 : (ms 5, aug 1) *6 (42)
9. C8-13 : ms dans chaque m (42)
10. C14 : Bas (ms 5, dim 1) * 6 (36)
11. C15 : (ms 4, dim 1) * 6 (30)
12. Vous pouvez maintenant attacher les yeux entre C12 et C13 avec 8 m entre les deux.
13. En utilisant du fil noir, cousez une bouche sur C14.
14. C16 : (ms 3, dim 1) *6 (24)
15. C17 : (ms 2, dim 1) *6 (18)
16. Bourrez le corps.
17. C18 : (sc 1, dim 1) *6 (12)
18. C19 : dim dans chaque m (6)
19. Fermer laissant une longue queue à coudre.

Jupe :

1. En utilisant les boucles avant de C14, attachez le fil à l'une des mailles.
2. ch 3, 2 ms dans la m similaire, sauter 1 ms, ms dans la suivante, (couper 1 ms, 5 b dans la prochaine ms, couper 1 ms, ms dans la suivante) * répéter autour, 2 b dans la première m, mc en haut de ch 3.
3. Fermer

Tentacules (En faire 3 ou plus) :

1. ch 31, 2 ms dans la 2ème ch à travers le crochet, 3 ms dans chaque m restante.
2. Fermer laissant une longue queue à coudre.

Assemblée :

1. 1.Cousez les tentacules au centre de la base du corps.

11. Bailey la baleine

Bailey est une adorable petite baleine au grand cœur ! Ce modèle est rapide à réaliser et vous permettra d'en créer plusieurs en un rien de temps. Attachez des yeux de sécurité ou collez des yeux en velours pour donner du caractère à Bailey. Choisissez les couleurs que vous préférez pour réaliser votre propre version de Bailey la baleine.

Ce dont vous avez besoin :

- Fil peigné bleu et blanc
- Crochet de 5 mm
- Comprend une paire d'œillets de sécurité de 9 mm
- Farce
- Aiguille à broder à coudre

Corps :

1. Utilisez du fil bleu
2. C1 : 6 ms en Cm (6)
3. C2 : aug dans chaque m (12)
4. C3 : (ms 1, aug 1) *6 (18)
5. C4 : (ms 2, aug 1) *6 (24)
6. C5 : (ms 3, aug 1) *6 (30)
7. C6 : (ms 4, aug 1) *6 (36)
8. C7 : (ms 5, aug 1) *6 (42)
9. C8 : (ms 6, aug1) *6 (48)
10. C9 : (ms 7, aug 1) *6 (54)
11. C10 - 20 : ms dans chaque (54)
12. C21 : (ms 7, dim 1) * 6 (48)
13. Passez au fil blanc.
14. C22 : ms dans chaque m (48)
15. C23 : (ms 4, dim 1) *8 (40)
16. C24 : (ms 2, dim 1) *8 (30)
17. C25 : (ms 1, dim 1) *8 (20)
18. Bourrer le corps.
19. C26 : dim dans toutes les m (10)
20. C27 : dim dans toutes les m (5)
21. Fermer

Ailerons (Faire 2) :

1. Utilisez du fil bleu.
2. C1 : 6 ms en Cm (6)
3. C2 : aug dans chaque m (12)
4. C3-6 : ms dans chaque m (12)
5. Pliez et faites défiler pour combler l'écart.
6. Fermer laissant une longue queue à coudre.
7. Cousez les nageoires sur le côté du corps à R27.

Queue (Faire 2) :

1. Utilisez du fil bleu.
2. C1 : 6 ms en Cm (6)
3. C2 : aug dans chaque m (12)
4. C3-6 : ms dans chaque m (12)
5. Pliez et faites défiler pour combler l'écart.
6. Fermer
7. Joignez les deux pièces de queue au bord C1 pour former une qu'en forme de V.
1. Cousez cette queue au corps à C27.

12. Zippy la Tortue

Voici un autre motif mignon que les enfants vont adorer!

Zippy est assez simple à créer et peut être réalisé avec une seule couleur ou plusieurs couleurs. Zippy est petit mais a beaucoup de personnalité.

Vous pouvez le rendre plus grand en utilisant simplement un crochet de taille supérieure.

Ce dont vous avez besoin :

- Fil peigné dans les couleurs de votre choix (B pour la couleur1, W pour la couleur2)
- Crochet de 3 à 5 mm de diamètre
- Comprend une paire d'œillets de sécurité de 9 mm
- Farce
- Aiguille à broder à coudre
- Bas : boucle arrière seulement

Corps :

1. Utilisez B.
2. C1 : 6 ms en Cm (6)
3. Passez à W.
4. C2 : aug dans chaque m (12)
5. Passez à B.
6. C3 : (ms 1, aug 1) * 6 (18)
7. Passez à W.
8. C4 : ms dans chaque m (18)
9. Passez à B.
10. C5 : (ms 2, aug 1) * 6 (24)
11. Passez à W.
12. C6 : ms dans chaque m (24)
13. Passez à B.
14. C7 : (ms 3, aug 1) * 6 (30)
15. Passez à W.
16. C8 : sc dans chaque m (30)
17. Passez à B.
18. C9 : ms dans chaque m (30)
19. Passez à W.
20. C10 : ms dans chaque m (30)
21. C11 : Bas (ms 3, dim 1) * 6 (24)
22. C12 : (ms 2, dim 1) * 6 (18)
23. Bourrer le corps.
24. C13 : (ms 1, dim 1) * 6 (12)
25. C14 : dim dans chaque m (6)
26. Attachez et tissez aux extrémités.

Tête :

1. Utilisez du fil blanc.
2. C1 : 6 ms en Cm (6)
3. C2 : aug dans chaque m (12)
4. C3 : (ms 1, aug 1) *6 (18)
5. C4 : (ms 2, aug 1) *6 (24)
6. C5-7 : ms dans chaque m (24)
7. C8 : (ms 2, dim 1) * 6 (18)
8. Fixez les yeux à R6.
9. C9 : ms dans chaque m (18)
10. C10 : (ms 1, dim 1) * 6 (12)
11. Fermer laissant une longue queue à coudre.
12. Poussez la tête et cousez-la au tronc

Jambes (Faire 4) :

1. Utilisez du fil blanc.
2. C1 : 6 ms en Cm (6)
3. C2-3 : ms dans chaque m (6)
4. Fermer laissant une longue queue à coudre.
1. Cousez les jambes au corps à C11.

Queue :

1. Utilisez du fil blanc.
2. Ch4, mc en 2ème ch à travers le crochet, mc, ms.
3. Fermer laissant une longue queue à coudre.
4. Cousez la queue au corps à C11.

13. Cerise le Crabe

Cherry est un petit crabe potelé prêt à jouer avec vous. Vous pouvez le réaliser dans votre couleur préférée, mais le rouge lui convient le mieux. Le motif est très simple, mais il y a un peu de travail à faire sur les pinces. Essayez dès aujourd'hui ce modèle d'Amigurumi.

Ce dont vous avez besoin :
- Fil peigné dans la couleur de votre choix
- Crochet de 3 à 5 mm de diamètre
- Comprend une paire d'yeux de sécurité de 6 mm
- Farce
- Aiguille à broder à coudre

Corps :
1. C1 : 6 ms en Cm (6)
2. C2 : aug dans chaque m (12)
3. C3 : (ms 1, aug 1) *6 (18)
4. C4 : (ms 2, aug 1) *6 (24)
5. C5 : (ms 3, aug 1) *6 (30)
6. C6 : (ms 4, aug 1) *6 (36)
7. C7-8 : ms dans chaque m (36)
8. C9 : (ms 4, dim 1) * 6 (30)
9. C10 : (ms 3, dim 1) * 6 (24)
10. C11 : (ms 2, dim 1) * 6 (18)
11. C12 : (ms 1, dim 1) * 6 (12)
12. C13 : dim * 6 (6)
13. Bourrer le corps.
14. Attachez et tissez aux extrémités.

Jambes (Faire 4-6) :
1. C1 : 5 ms en Cm (5)
2. C2-7 : ms dans chaque m (5)
3. Fermer laissant une longue queue à coudre. Cousez les jambes au corps.
1. Griffes (Faire 2) :
1. C1 : 4 ms dans Cm (4)
2. C2 : (ms 1, aug 1) * 2 (6)
3. C3 : (ms 2, aug 1) * 2 (8)
4. C4 : ms dans chaque m (8)
5. C5 : (ms 3, aug 1) * 2 (10)
6. C6 : ch 3, ms dans le 2ème ch à partir du crochet, ms dans la m suivante, travaillant maintenant sur les m de C5-ms dans chaque m se terminant par une, ms, sous la pièce triangulaire qui vient d'être faite.
7. C7 : ms 5, dim 1, ms 4 (10)
8. C8 : ms 5, dim 1, ms 3 (9)
9. C9 : dim 1, ms 3, dim 1, sc 2 (7)
10. C10 : dim 1, ms 2, dim 1, sc 1 (5)
11. C11-14 : ms dans chaque m (5)
12. Fermer laissant une longue queue à coudre.
13. Cousez les griffes sur le corps.

Coudre les yeux sur le corps à C7

14. Hamilcar l'hippocampe

Matériel.

- Crochet de 2,5 mm
- Yeux de sécurité de 7-8 mm
- Aiguille à laine pour l'assemblage
- Fil à broder noir pour les détails
- Ouate de rembourrage
- Blush pour les joues de couleur rose ou rouge

Abbreviations.

- CM: cercle magique
- Ms: maille serrée
- db: demi bride
- B: Bride
- aug: augmentation
- dim: diminution
- mc: maille coulée
- ml: maille en l'air
- Tr/trs(s): tours(s)
- R: rang
- (…) …x: répéter les instructions entre parenthèses le nombre de fois marqué après celles ci.
- BAR: brin arrière uniquement
- BAV: brin avant uniquement
- M: maille

Conseils avant de commencer:

- Lorsque vous avez besoin de faire une diminution: faire une diminution invisible pour un joli résultat.
- Lorsqu'il y a marqué BAV, faire une ms normale mais sans toucher le brin arrière.
- Lorsqu'il y a marqué BAR, faire une ms normale mais sans toucher le brin avant.
- Notez qu'il faudra ajuster la taille des yeux en fonction de la pelote et du crochet que vous utiliserez.
- Il faudra faire des mailles coulées. Pour les réussir il faudra crocheter lâchement.

Tête.

Crocheter en spirale. Utiliser la couleur principale que vous avez choisi.

T 1: 6 ms dans un CM (6)

T 2: aug dans chaque maille (12)

T 3: (ms, aug dans la maille suivante) répéter 6 fois (18)

T 4: (2 ms, aug dans la maille suivante) répéter 6 fois (24)

T 5: (3 ms, aug dans la maille suivante) répéter 6 fois (30)

T 6: (4 ms, aug dans la maille suivante) répéter 6 fois (36)

T 7: (5 ms, aug dans la maille suivante) répéter 6 fois (42)

T 8: (6 ms, aug dans la maille suivante) répéter 6 fois (48)

T 9: (7 ms, aug dans la maille suivante) répéter 6 fois (54)

Ts 10-19: ms dans toutes les mailles (54)(10 Ts)

T 20: ms dans les 25 ms, 3 ml, sauter 3 ms du T précédent, ms dans les 26 ms suivantes (51)

T 21: ms dans les 25 ms, ms dans le brin avant des 3 ms du trou, ms dans les 26 ms suivantes(54)

T 22: (7 ms, dim) répéter 6 fois (48)

T 23: (6 ms, dim) répéter 6 fois (42)

T 24: (5 ms, dim) répéter 6 fois (36)

Insérer les yeux de sécurité entre les tours 18 & 19, en laissant 13 ms visibles.

T 25 : (4 ms, dim) répéter 6 fois (30)

T 26 : (3 ms, dim) répéter 6 fois (24)

T 27 : (2 ms, dim) répéter 6 fois (18)

Finir avec 1 mc et couper le fil. Laisser un long fil pour coudre la tête au corps plus tard. Rembourrer la tête fermement.

Museau.

Crocheter le museau dans le trou qui a été créé sur la tête. Commencer en bas à droite dans le sens d'une

aiguille d'une montre comme sur la photo. Crocheter en spirale.

T 1 : 3 ms, aug dans la maille suivante (ms dans le coin), 3 ms, aug dans la maille suivante (ms dans le deuxième coin) (10)

T 2 : (1 ms, aug dans la maille suivante) répéter 5 fois (15)

Ts 3&4 : ms dans chaque maille (15) (2 tours)

T 5 : (1 ms, dim) répéter 5 fois (10)

T 6 : (dim dans toutes les mailles) répéter 5 fois (5)

Finir le museau avec 1 mc, couper le fil et fermer le trou en passant le fil dans les brins avant des mailles restantes et tirer. Pour former le museau, prendre l'aiguille et la faire rentrer dans le trou comme sur la photo.

Commencer le tour 1 ici et crocheter en spirale

Utiliser une aiguille à laine et la faire passer dans le trou. La faire passer à travers la tête pour que le museau rentre à moitié.

Corps. Commencer par la queue tout en bas.

Crocheter en tours. Utiliser la couleur que vous avez choisi pour le corps.

T 1 : 4 ms dans un CM (4)

T 2 : (aug dans la maille suivante, 1 ms) répéter 2 fois (6)

Ts 3-4 : 4 ms, mc dans les 2 mailles suivantes (6) (2 tours)

T 5 : (aug dans la maille suivante, 1 ms) répéter 3 fois (9)

Ts 6&7 : 5 ms, mc dans les 4 mailles suivantes (9) (2 tours)

T 8 : (aug dans la maille suivante, 2 ms) répéter 3 fois (12)

Ts 9&10 : 8 ms, mc dans les 4 mailles suivantes (12) (2 Ts)

T 11 : (aug dans la maille suivante, 3 ms) répéter 3 fois (15)

Ts 12&13 : 9 ms, mc dans les 6 mailles suivantes   (15)

T 14 : (aug dans la maille suivante, 4 ms) répéter 3 fois (18)

Ts 15-17 : 12 ms, mc dans les 6 mailles suivantes tours) (18) (3)

T 18 : (aug dans la maille suivante, 5 ms) répéter 3 fois (21)

Ts 19&20 : 14 ms, mc dans les 7 mailles suivantes (21) (2 tours)

T 21 : (6 ms, aug dans la maille suivante) répéter 3 fois (24)

T 22 : (3 ms, aug dans la maille suivante) répéter 6 fois (30)

T 23 : (2 ms, aug dans la maille suivante) répéter 2 fois, 9 ms,

(2 ms, aug dans la maille suivante) répéter 5 fois (37)

T 24 : (3 ms, aug dans la maille suivante) répéter 2 fois, 9ms,

(3 ms, aug dans la maille suivante) répéter 5 fois (44)

Ts 25-33 : ms dans toutes les mailles (44) (9 tours)

T 34 : 4 ms, dim dans la maille suivante, 21 ms, dim dans la m. suivante, 15 ms (42)

T 35 : (5 ms, dim) répéter 6 fois (36)

T 36 : ms dans toutes les mailles (36)

T 37 : (4 ms, dim) répéter 6 fois (30)

T 38 : ms dans toutes les mailles (30)

T 39 : (3 ms, dim) répéter 6 fois (24)

T 40 : ms dans toutes les mailles (24)

T 41 : (2 ms, dim) répéter 6 fois (18)

T 42 : ms dans toutes les mailles (18)

Crocheter 9 ms supplémentaires pour finir le travail à l'arrière, faire 1 mc et couper le fil. Coudre la tête. Enrouler la queue et coudre pour qu'elle ne bouge plus.

R3: (5 ms, 2 ml, 1 ms dans la 2ème ml en partant du crochet) répéter jusqu'à la fin du rang. Couper le fil et rentrer le dans la tête

Crinière (tête).

Crocheter en rangs. Utiliser la couleur de votre choix.

Pour pouvoir commencer la crinière de la tête il faut tout d'abord un rang de mc. Il faut commencer en bas de la tête et continuer jusqu'en haut jusqu'à atteindre le front (le tour 8 approximativement) (si vous voulez faire un hippocampe licorne finir les mc entre les tours 5 & 6):

R1: mc du bas de la tête jusqu'en haut, 2 ml, tourner.

R2: 3 B dans toutes les mc jusqu'à atteindre le CM, maintenant crocheter aug.B dans toutes les mc jusqu'à atteindre la fin du rang. 1 ml, tourner.

Coudre la tête au corps.

Lors de la couture, faire en sorte que la tête soit dans la même direction que le corps. La tête est cousue un peu penchée (penche vers l'avant).

Pour faire ceci, vous devez coudre la tête vers l'avant, aidez vous de la photo.

Crinière (dos).

Crocheter en rangs. Utiliser la couleur que vous avez choisi pour la crinière.

Comme pour la première crinière, commencer par des mc.

R1: Commencer par une mc dans tour 16 du corps et crocheter un rang de mc jusqu'à atteindre le tour 32. 1 ml et tourner.

R2: aug de ms dans toutes les mc, 1 ml et tourner.

R3: : (5 ms, 2 ml, 1 ms dans la 2ème ml en partant du crochet) répéter jusqu'à la fin. Couper le fil et faire rentrer les extrémités dans le corps.

Nageoire (en faire 2).

Utiliser la couleur de votre choix.

La nageoire commence avec un CM, mais elle sera crochetée en rangs. Crocheter toutes les mailles dans les BAV. CM, 3 ml,

R1: faire 3 db dans la 3ème ml en partant du crochet, 1 mc dans le CM, 1 ml et tourner.

R2: 4 mc, 3 ml, tourner

R3: 3 db dans la première maille, db dans les 3 prochaines mailles, 1 mc dans le CM.

Couper le fil, tirer sur le fil du début pour fermer le CM. Coudre un fil des fils pour le cacher. Avec l'autre fil coudre la nageoire au corps (dans le côté droit et gauche entre les tours 33 et 34.

Corne.

Si vous voulez crocheter un hippocampe licorne, vous pouvez ajouter une petite corne. Crocheter en spirale. Utiliser la couleur de votre choix ou celle du corps.

T 1: 4 ms dans un CM (4)

T 2: ms dans toutes les mailles(4)

T 3: (aug, ms dans la maille suivante) répéter 2 fois(6)

T 4: ms dans toutes les mailles (6)

T 5: (aug, 2 ms dans la m. suivante) répéter 2 fois (8)

T 6: (aug, 3 ms dans la m. suivante) répéter 2 fois (10)

Finir avec une mc et couper le fil en laissant assez de longueur. Coudre la corps sur la tête, directement sous la crinière, dans les tours 8-10. Vous pouvez également enrouler un fil de la couleur de la nageoire autour de la corne. Rentrer les fils.

À la fin prendre un long fil de la couleur de la crinière et broder des points comme sur la photo. En utilisant la méthode du point de noeud.

Sculpter les yeux.

Après que la tête soit finie et rembourrée, nous allons maintenant utiliser un fil incassable pour faire enfoncer les yeux dans le visage. Pour ceci il faudra utiliser un long fil. Avec une aiguille, faire rentrer le fil par le bas de la tête et le faire ressortir le plus près d'un coin de l'œil, puis faire rentrer de l'autre côté de l'œil pour enfin le faire sortir par le bas de la tête. Maintenant vous pouvez tirer sur les fils et vous verrez l'œil s'enfoncer. N'hésitez pas à appuyer dessus (il y a une vidéo sur mon compte Instagram).

Nouez le plus fort possible les fils et répéter l'opération plusieurs fois enfin rembourrez bien la fin de la tête.

Faire la même chose pour l'autre œil.

15. Stef le Poisson Clown

Stef n'est-il pas adorable?

Obtenez vos fournitures et commençons à crocheter ce drôle de petit poisson-clown. Avec son fil orange vif et blanc et ses yeux exorbités, Stef est prêt à vous impressionner. C'est un modèle facile à suivre qui comprend un mélange de couleurs.

Ce dont vous avez besoin :

- Fil peigné orange, blanc et noir
- Crochet de 3 à 5 mm de diamètre
- Comprend une paire d'yeux de sécurité de 6 mm
- Farce
- Aiguille à broder à coudre

Corps :

1. Utilisez du fil orange.
2. C1 : 6 ms en Cm (6)
3. C2 : aug dans chaque m (12)
4. C3 : (ms 1, aug 1) * 6 (18)
5. C4 : (ms 2, aug 1) * 6 (24)
6. C5 : (ms 3, aug 1) * 6 (30)
7. C6-7 : ms dans chaque m (30)
8. C8 : (ms 4, aug 1) * 6 (36)
9. Passez au fil noir.
10. Placez les yeux à C4 avec 5 m entre les deux.
11. C9 : ms dans chaque m (36)
12. Passez au fil blanc.
13. C10-11 : ms dans chaque m (36)
14. Passez au fil noir.
15. C12 : ms dans chaque m (36)
16. Passez au fil orange.
17. C13 : ms dans chaque m (36)
18. C14 : (ms 4, dim 1) *6 (30)
19. C15-16 : ms dans chaque m (30)
20. Passez au noir.
21. C17 : ms dans chaque m (30)
22. Passez au blanc.
23. C18 : (ms 3, dim 1) *6 (24)
24. Passez au noir.
25. C19 : ms dans chaque m (24)
26. Passez au fil orange.
27. C20 : ms dans chaque m (24)
28. C21 : (ms 2, dim 1) * 6 (18)
29. C22 : ms dans chaque m (18)
30. Passez au fil noir.
31. C23 : ms dans chaque m (18)
32. Passez au blanc.
33. C24 : ms dans chaque m (18)
34. C25 : (ms 1, dim 1) *6 (12)
35. C26 : dim * 6 (6)
36. Attachez et tissez aux extrémités.

Ailerons (Marque 3) :

1. Utilisez du fil orange.
2. C1 : ch 7, ms en 2ème ch à travers le crochet, ms en 5 m suivant
3. C2 : Tourner, ch1, ms dans chaque m
4. C3 : Tour, ch1, ms dans les 2 premières m, dim 1, ms dans les 2 dernières m
5. C4-5 : Tour, ch1, ms dans chaque m
6. C6 : Tourner, ch1, dim 1, ms 1, dim 1
7. Fermer laissant une longue queue à coudre.
8. Fixez une ailette de chaque côté du corps à C12.
1. Fixez la troisième nageoire à l'arrière du corps.

Nageoire Dorsale :

1. Utilisez du fil orange.
2. C1 : Ch10, ms en 2ème ch à travers le crochet, ms en 8 m suivantes
3. C2 : Tourner, ch1, ms, db, b, db, ms, ms, db, db, ms
4. C3 : Tourner, ch1, ms, db, db, ms, ms, db, b, db, ms
5. C4 : ms, ms

6. Fermer laissant une longue queue à coudre.
7. Fixez l'aileron au sommet du corps.

Yeux (Faire 2):

1. Utilisez du fil blanc.
2. C1 : 6 ms en Cm (6)
3. C2 : aug dans chaque m (12)
4. C3 : (ms 1, aug 1) * 6 (18)
5. Fermer laissant une longue queue à coudre.
6. Avec le mauvais côté vers l'extérieur, fixez les œillets de sécurité, un à l'intérieur de chaque œillet crocheté, et cousez en place sur le corps.
7. Cousez une bouche en utilisant du fil noir sous les yeux.

16. Bulles de Poisson Hors de l'eau

De quoi avez-vous besoin :

- Et dans motif, j'utilise du fil de coton violet.
- Crochet de suspension taille N-5,00 mm.
- Fibre
- Les yeux de sécurité
- Aiguille à coudre manuelle
- Fil à broder en coton
- Marqueur de point de broderie

Les points utilisés dans motif

- Cm
- ms
- mc
- Crochetez en ronds joints et n'oubliez pas d'utiliser un marqueur de point au début de chaque tour.

Tête et Corps :

1. Commencez par un anneau magique.
2. C1 : 6 ms dans l'anneau magique. Joignez le cercle en, mc, dans le premier m, puis ch1

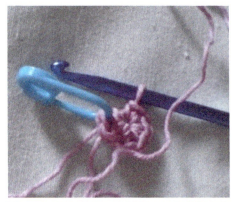

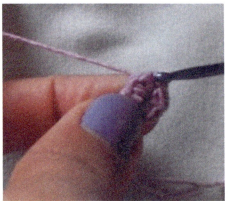

REMARQUE : Le premier maille de chaque cercle est le même que celui dans lequel mc.

3. C2 : (INC) X6 = 12 M.

Joignez le cercle en, mc, dans le premier m, puis ch1

4. C3 : (ms dans les 3 m suivantes, aug dans le m suivant) X3 = 15 mailles.

Joignez le cercle en, mc, dans le premier m, puis ch1.

5. C4 : (ms dans les 4 m suivantes, aug dans le m suivant) X3 = 18 mailles.

Joignez le cercle en, mc, dans le premier m, puis ch1.

6. C5 : (ms dans les 5 m suivantes, aug dans le m suivant) X3 = 21 mailles.

Joignez le cercle en, mc, dans le premier m, puis ch1.

7. C6 : (ms dans les 6 m suivantes, aug dans le m suivant) X3 = 24 mailles.

Joignez le cercle en, mc, dans le premier m, puis ch1.

8. C7 : ms autour des 24 m = 24 mailles.

Joignez le cercle en, mc, dans le premier m, puis ch1.

9. C8 : (ms dans les 3 m suivantes, aug dans le m suivant) X6 = 30 mailles.

Joignez le cercle en, mc, dans le premier m, puis ch1.

10. C9 à C13 : ms autour des 30 m = 30 mailles.
11. Joignez chaque cercle en, mc, dans le premier m, puis ch1.
12. C14 : (ms dans les 3 m suivantes, dim, dans le m suivant) X6 = 24 mailles.

Joignez le cercle en, mc, dans le premier m, puis ch1.

13. C15 : (ms dans les 6 m suivantes, dim, dans le m suivant) X3 = 21 mailles.

Joignez le cercle en, mc, dans le premier m, puis ch1.

14. C16 : (ms dans les 5 m suivantes, dim dans le m suivant) X3 = 18 mailles.

Joignez le cercle en, mc, dans le premier m, puis ch1.

15. C17 : (ms dans les 4 m suivantes, dim dans le m suivant) X3 = 15 mailles.

Joignez le cercle en, mc, dans le premier m, puis ch1

16. C18 : (ms dans les 3 m suivantes, dim dans le m suivant) X3 = 12 mailles.

Joignez le cercle en, mc, dans le premier m, puis ch1.

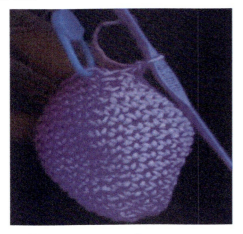

17. C19 : ms autour des 12 m = 12 mailles.

Joignez chaque cercle en, mc, dans le premier m, puis ch1.

18. Farcissez-le de fibres.

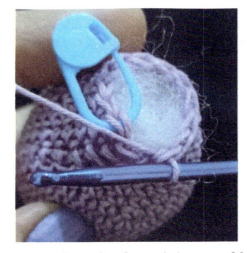

19. Crocheter les deux côtés ensemble.
20. 6 ms, ch 1, Fermer et coupez le fil.

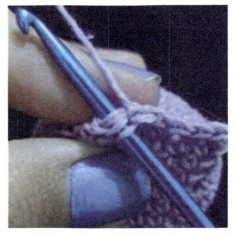

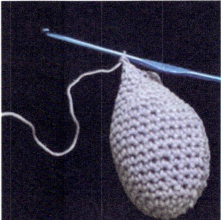

Queue (Faire 2) :

1. ch 25
2. Rang 1 : Dans la deuxième chaîne à partir du crochet, travaillez 12 ms dans les 12 m suivantes, 1 dim, 10 ms, ch1, et tournez votre travail.

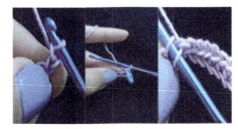

3. Travaillez la diminution de cette façon :

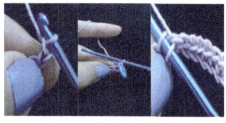

4. Rang 2 : ch 3, à partir de la deuxième chaîne, travaillez 12 ms, uniquement dans la boucle arrière, triplez dim, 11 ms, ch 1, et tournez votre travail.

5. Rang 3 : ch 2, à partir de la deuxième chaîne, travaillez 12 ms uniquement dans la boucle arrière, triplez dim, 11 ms, ch 1 et tournez votre travail.

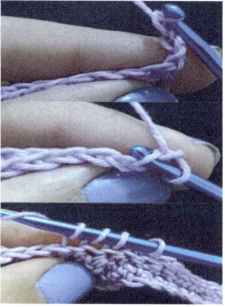
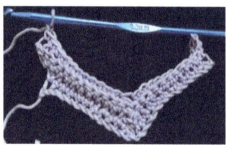

6. Rang 4 : ch 2. À partir de la deuxième chaîne, travaillez 12 ms, uniquement dans la boucle arrière, triple dim, 11 ms, ch 1, et tournez votre travail.
7. Rang 5 : ch 1. À partir de la deuxième chaîne, travaillez 11 Sc uniquement dans la boucle arrière, triplez dim, 11 ms, ch 1, et tournez votre travail.

8. Rang 6 : ch 4, à partir de la deuxième chaîne, travaillez 14 ms, uniquement dans la boucle arrière, triplez dim, 7 ms, ch 1 et tournez votre travail.

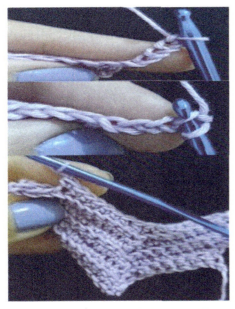

9. Rang 7 : À partir de la deuxième chaîne, travaillez 6 ms, uniquement dans la boucle arrière, triple dim, 10 ms, ch 1, et tournez votre travail.

10. Rang 7 : À partir de la deuxième chaîne, travaillez 9 ms uniquement dans la boucle arrière, triplez dim, 4 ms, ch 1 et tournez votre travail.

11. Fermer et laissez une longue queue pour la couture.

Ailerons (Marque 3) :

1. 1.ch 11.

2. Rang 1 : Dans la deuxième chaîne, travaillez 8 ms, triplez dim, ch1 et tournez votre travail.

3. Rang 2 : Travaillez dans la boucle arrière, dim, 7 ms, ch1, et tournez votre travail.

4. Rang 3 : 6 ms, dim, ch 1, et tournez votre travail.

5. Rang4 : dim, 5 ms, ch1 et tournez votre travail.

6. Rang 5 : 4 ms, dim, ch1 et tournez votre travail.

7. Rang 6 : dim, 3 ms, ch1 et tournez votre travail.

8. Fermer et laissez une queue pour la couture.

Assembly:

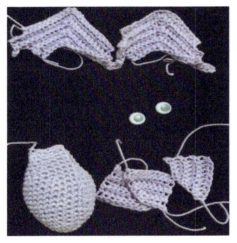

1. Cousez les queues et les nageoires au corps.
2. Placez les yeux de sécurité sur le devant du cache-œil.
3. Pour vous assurer que vous avez tout placé dans la bonne position, utilisez des épingles pour fixer chaque pièce à sa place, puis cousez-les.

4. Enfin, vous avez terminé le poisson.

6 Les amis de la ferme

Passons à nos adorables amis de la ferme que vous prendrez plaisir à crocheter, nous en sommes sûrs. Du cochon à la vache en passant par le mouton et l'alpaga, nous vous proposons un joli groupe d'animaux. Faites-les dans différentes tailles et vous obtiendrez un assortiment d'animaux de la ferme. Ces modèles incroyables sont également très simples à réaliser. Ajoutez les couleurs de fil de votre choix et choisissez parmi les types de fils doux et moelleux pour les personnaliser.

17. Shaun le Brebis

À quel point Shaun la brebis est-elle mignonne ?! Vous pouvez choisir de la coudre en une ou deux couleurs, et si vous souhaitez augmenter sa taille, utilisez simplement un crochet de taille supérieure.

Ce dont vous avez besoin :

- Laine peignée en Noir et Blanc
- Crochet rond de 3,5 mm
- Comprend une paire d'œillets de sécurité de 6 mm
- Farce
- Aiguille à broder à coudre

Corps :

1. Utilisez du fil blanc.
2. C1 : 6 ms en Cm (6)
3. C2 : aug dans chaque m (12)
4. C3 : (ms 1, aug 1) *6 (18)
5. C4 : (ms 2, aug 1) *6 (24)
6. C5 : (ms 3, aug 1) *6 (30)
7. C6 : (ms 4, aug 1) *6 (36)
8. C7-12 : ms dans chaque m (36)
9. C13 : (ms 4, dim 1) *6 (30)
10. C14 : (ms 3, dim 1) *6 (24)
11. C15 : (ms 2, dim 1) *6 (18)
12. Bourrer le corps.
13. C16 : (ms 1, dim 1) *6 (12)
14. C17 : dim * 6 (6)
15. Attachez et tissez aux extrémités.

Tête :

1. Utilisez du fil noir.
2. C1 : 6 ms en Cm (6)
3. C2 : aug dans chaque st (12)
4. C3 : (sc 1, aug 1) * 6 (18)
5. C4 : (sc 2, aug 1) * 6 (24)
6. C5-7 : ms dans chaque m (24)
7. C8 : (ms 2, dim 1) * 6 (18)
8. Bourrez la tête.
9. C9 : (ms 1, dim 1) * 6 (12)
10. C11 : (1 dim.) * 6 (6)
11. Attachez et tissez aux extrémités.

Jambes (Faire 4)

1. Utilisez du fil noir
2. R1 : 6 ms en Cm (6)
3. R2 : aug dans chaque m (12)
4. R3-5 : ms dans chaque m (12)
5. Poussez les jambes émoussez-les au corps

Queue :

1. Utilisez du fil noir
2. C1 : 6 ms en Cm (6)
3. C2 : aug dans chaque m (12)
4. C3 : (ms 1, aug 1) * 6 (18)
5. Poussez la queue et cousez au corps.

Oreilles (Faire 2)

1. Utilisez du fil noir.
2. C1 : 6 ms en Cm (6)
3. C2 : aug dans chaque m (12)
4. Fermer laissant une longue queue à coudre.
5. Cousez les oreilles au corps.

18. Penny le Cochon

Une ferme ne serait pas complète sans Penny le cochon.

J'ai choisi le rose pour Penny, mais vous pouvez choisir la couleur que vous préférez.

Ce dont vous avez besoin :

- ➢ Fil peigné en rose ou couleur de votre choix 50g
- ➢ Fil noir brillant
- ➢ Crochet rond de 3,5 mm
- ➢ Comprend une paire d'œillets de sécurité de 6 mm
- ➢ Farce
- ➢ Aiguille à broder à coudre
- ➢ Bas : Boucle arrière seulement

Tête et Corps :

1. C1 : 6 ms en Cm (6)
2. C2 : (aug 1, ms 1) * 3 (9)
3. C3 : (Bas) ms dans chaque m (9)
4. C4 : ms dans chaque m (9)
5. C5 : (aug 1, ms 2) *3 (12)
6. C6 : ms dans chaque m (12)
7. C7 : (aug 1, ms 1) *6 (18)
8. C8 : (aug 1, ms 2) *6 (24)
9. C9 : (aug 1, ms 3) *6 (30)
10. C10 : (aug 1, ms 9) * 3 (33)
11. Vous pouvez maintenant attacher des œillets de sécurité entre C7 et C8 avec 6 m entre les deux.
12. C11-19 : ms dans chaque m (33)
13. C20 : (dim 1, ms 9) * 3 (30)
14. C21 : (dim 1, ms 3) * 6 (24)
15. Farcissez le cochon maintenant et continuez à farcir au fur et à mesure.
16. C22 : (dim 1, sc 2) * 6 (18)
17. C23 : (dim 1, sc 1) * 6 (12)
18. C24 : dim * 6 (6)
19. Farce bien. Fermer et tissez aux extrémités.

Queue :

1. Chaîne 20.
2. Mc dans la deuxième ch à travers le crochet et dans les 18 ch restantes.
1. Fermer laissant une longue queue pour la couture.
2. Fixer la queue au corps au centre de C24.

Jambes (faire 4) :

1. C1 : 6 ms dans Cm (6)
2. C2–3 : ms dans chaque m (6)
3. Mc dans la m suivante
4. Fermer laissant une longue queue pour coudre. Farcir la jambe.
5. Une fois que vous avez créé les 4 jambes, coudre sur les deux jambes à C9 avec 4 m entre les deux jambes à14 avec 6 m entre elles.

Oreilles (faire 2) :

1. C1 : 3 ms dans Cm, ch1, tour (3)
2. C2 : 2 ms dans l'une des 3 m (6)
3. C3 : 2 ms dans Cm (8)
4. Fermer laissant une longue queue pour la couture.
5. Coudre les oreilles à C9 avec 4 m au milieu.
1. Finition :

En utilisant un fil noir, faire de petits points droits pour les narines à C2.

19. Lulu l'Alpaga

Lulu l'alpaga est doux, moelleux, câlin et un adorable animal originaire d'Amérique du Sud.

Ajoutez des couleurs douces à Lulu et vous obtiendrez le meilleur compagnon de câlins qui soit.

Ce dont vous avez besoin :

- Fil peigné dans la couleur de votre choix
- Crochet de 3,5 mm
- Une paire d'yeux de sécurité de 4 mm
- Farce
- Aiguille à broder à coudre

Corps :

1. C1 : 8 ms dans Cm (8)
2. C2 : aug dans chaque m (16)
3. C3 : (ms en 1 m, ms aug 1) * 8 (24)
4. C4 : (ms en 2 m, ms aug1) *8 (32)
5. C5 : (ms en 3 m, ms aug1) *8 (40)
6. C6-26 : ms dans chaque m (40)
7. C27 : (ms en 3 m, ms dim 1) * 8 (32)
8. C28 : (ms en 2 m, ms dim 1) * 8 (24)
9. C29 : (ms en 1 m, ms dim 1) * 8 (16)
10. Farcir le corps
11. C30 : dim. m * 8 (8)
12. Détacher et tisser les extrémités.

Responsable :

1. C1 : 8 ms dans Cm (8)
2. C2 : aug dans chaque m (16)
3. C3 : (ms en 1m, ms inc 1) * 8 (24)
4. C4 : (ms en 2 m, ms inc 1) * 8 (32)
5. C5-14 : ms dans chaque m (32)
6. Fixer les œillères de sécurité à C7
7. C16 : (ms en 2 m, ms dim 1) *8 (24)
8. C17-27 : ms dans chaque m (24)
9. R28 : (ms en 1 m, ms dim 1) *8 (16)
10. Farcir la tête
11. Fermer laissant une longue queue à coudre.
12. Fixer la tête au corps.

Bouche :

1. C1 : 6 ms dans Cm (6)
2. C2 : aug dans chaque m (12)
3. C3 : (ms en 1 m, ms aug 1) * 6 (18)
4. C4–5 : ms dans chaque m (18)
5. Farcir la bouche.
6. Fermer laissant une longue queue à coudre.
7. Fixez la bouche à la tête.

Jambes (faire 4) :

1. C1 : 6 ms dans Cm (6)
2. C2 : augmenter dans chaque m (12)
3. C3 : (ms en 1 m, ms aug 1) * 6 (18)
4. C4–10 : ms dans chaque m (18)
5. C11 : (ms en 2 m, ms aug 1) *6 (24)
6. C12 : ms dans chaque m (24)
7. Farcir les jambes.
8. Fermer laissant une longue queue à coudre.
9. Attachez les jambes au corps.

Oreilles (faire 2) :

1. C1 : 3 ms dans Cm (3)
2. C2 : aug dans chaque m (6)
3. C3-5 : ms dans chaque m (6)
4. Fermer laissant une longue queue à coudre.
5. Attachez les oreilles à la tête.

Pour les cheveux :

1. Couper quatre morceaux de fil de 4 pouces de longueur et les attacher à l'avant de la tête en un nœud. Ouvrir chaque brin de fil pour donner un aspect plus moelleux.

Pour la queue :

2. 2.Couper quatre morceaux de fil de 4 pouces de longueur et les attacher à l'arrière du corps en faisant un nœud. Ouvrir chaque brin de fil pour donner un aspect plus moelleux.

20. Daisy le canard

Daisy est un canard coloré et elle est prête à jouer avec vous. Expérimentez avec différentes couleurs pour obtenir un résultat magnifique.

Ce dont vous avez besoin :
- Fil peigné dans les couleurs de votre choix
- Crochet de 3 mm de diamètre
- Comprend une paire d'œillets de sécurité de 4 mm
- Farce
- Aiguille à broder à coudre

Tête :
1. C1 : 6 ms en Cm (6)
2. C2 : ms aug dans chaque m (12)
3. C3 : (ms en 1 m, ms aug 1) * 6 (18)
4. C4 : (ms en 2 m, ms aug 1) *6 (24)
5. C5 : (ms en 3 m, ms aug 1) * 6 (30)
6. C6 : (ms en 4 m, ms aug 1) * 6 (36)
7. C7 : (ms en 5 m, ms aug 1) * 6 (42)
8. C8 : (ms en 6 m, ms aug 1) * 6 (48)
9. C9-19 : ms dans chaque m (48)
10. Fixez les yeux à R14 avec 8 m entre les deux.
11. C20 : (ms en 6 m, ms dim 1) *6 (42)
12. C21 : (ms en 5 m, ms dim 1) *6 (36)
13. C22 : (ms en 4 m, ms dim 1) *6 (30)
14. C23 : (ms en 3 m, ms dim 1) *6 (24)
15. C24 : (ms en 2 m, ms dim 1) *6 (18)
16. C25 : (ms en 1 m, ms dim 1) * 6 (12)
17. C26 : (ms dim) * 6 (6)
18. Bourrez la tête.
19. Attachez et tissez aux extrémités.

Corps :
1. C1 : 6 ms en Cm (6)
2. C2 : ms aug dans chaque m (12)
3. C3 : (ms en 1 m, ms aug 1) * 6 (18)
4. C4 : (ms en 2 m, ms aug 1) *6 (24)
5. C5 : (ms en 3 m, ms aug 1) *6 (30)
6. C6 : (ms en 4 m, ms aug 1) *6 (36)
7. C7-10 : ms dans chaque m (36)
8. C11 : (ms en 4 m, ms dim 1) *6 (30)
9. C12-13 : ms dans chaque m (30)
10. C14 : (ms en 3 m, ms dim 1) *6 (24)
11. C15-17 : ms dans chaque m (24)
12. C18 : (ms en 2 m, ms dim 1) *6 (18)
13. Bourrer le corps.
14. Fermer laissant une longue queue à coudre.

Ailes (Faire 2) :
1. C1 : 6 ms dans Cm (6)
2. C2 : ms dans chaque m (6)
3. C3 : aug dans chaque m (12)
4. C4-9 : ms dans chaque m (12)
5. Pliez le morceau en deux et faites 6 ms pour fermer.
6. Fermer laissant une longue queue à coudre.
7. Cousez les ailes sur le visage du corps.

Pieds (Faire 2) :
1. C1 : ch 4
2. C2 : ms en 3 m, ch1, tour (3)
3. C3 : ms aug 1, ms, ms aug 1, ch1, tour (5)
4. C4 : ms aug 1, ms en 3 m, ms aug 1, ch1, tour (7)

5. C5 : ms aug 1, ms en 5 m, ms aug 1, ch1, tour (9)
6. C6 : mc, (db, ch1, mc, mc) * 2, db, ch1, mc
7. Attachez et tissez aux extrémités.
8. Cousez les pieds à l'arrière du corps.

Bec :
1. C1 : ch 5, aug en 2ème ch à partir du crochet, ms en 2 m, 3 ms à la m suivante, travaillant maintenant derrière les mailles, ms en 2 m, ms en 1ère m (10)
2. C2 : ms dans chaque m (10)
3. C3 : ms aug 1, ms en 4 m, ms aug 1, ms en 4 m (12)
4. C4 : ms, ms aug 1, ms en 5 m, ms aug 1, ms en 4 m (14)
5. C5 : ms, ms, ms aug 1, ms en 6 m, ms aug 1, ms en 4 m (16)
6. Farcir légèrement le bec.
7. Fermer laissant une longue queue à coudre.
8. Cousez le bec sur le visage de la tête.

Cheveu :
1. Coupez deux brins de fil de 3 pouces de long. Pliez chacun en deux et, à l'aide d'un crochet de 1,5 mm, attachez-le au sommet de la tête en faisant un nœud. Placez l'aiguille sur l'une des mailles de la première rangée de la tête, choisissez le fil et retire-le et faites une fente.
2. Coupez le fil à environ 1 pouce.

21. Séraphin le poussin

Ce dont vous avez besoin :

Pelotas de cotons :

- ➢ Jaune : Poussin
- ➢ Orange ou marron Bec
- ➢ Blanc Coquille + blanc des yeux
- ➢ Un crochet de 2.00, 2.25 ou 2.5mm

(il est conseillé de prendre un crochet d'une ou deux tailles en dessous que celui recommandé sur l'étiquette des pelotes afin de ne faire apparaitre aucun trou lors du rembourrage.

- ➢ 2 yeux sécurisés de 6 mm
- ➢ Des marqueurs de mailles (ou épingles à nourrice, trombones…)
- ➢ De la ouat de rembourrage polyester
- ➢ Une aiguille à laine
- ➢ Une paire de ciseaux
- ➢ Un bouton

Tête et corp:

Crocheté en jaune

T 1 : 6 ms dans un cercle magique   [6m]

T 2 : 6 augm. [12m]

T 3 : (1 ms, 1 augm.) x 6-[18m]

T 4 :(2 ms, 1 augm.) x 6-[24m]

T 5 :(2 ms, 1 augm.) x 6-[20m]

T 6 à 10 : 5 tours 1 ms dans chaque m [20m]

T 11 : (3ms, 1 dim.) x 6 [24m]

Coudre, broder ou insérer les yeux sécurisés entre les rangs 8 et 9, espacés de 4 mailles.

T 12 : (3 ms, 1 augm.) x 6 [30m]

T 13 : 1 ms dans chaque m [30m]

T 14 : (4 ms, 1 augm.) x 6 [36m]

T 15 : 1 ms dans chaque m [36m]

T 16 (5 ms, 1 augm.) x 6 [42m]

Ts 17 à 19 : 3 Ts 1 ms dans chaque m [42m]

T 20 : (5 ms, 1 dim.) x 6 [36m]

T 21 : 1 ms dans chaque m [36m]

T 22 : (4 ms, 1 dim.) x 6 [30m]

T 23 : (3 ms, 1 dim.) x 6 [24m]

Rembourrer la tôte et le corps. Ne pas trop rembourrer par la suite afin de garder une base plutôt plate.

T 24 : Piquer dans les brins arrières (2ms, 1 dim.) x 6 [18m]

T 25 : (1ms, 1 dim.) x 6 [12m]

T 26 : 6 dim. [6m]

Couper le fil en laissant suffisamment de longueur pour clôturer. A l'aide d'une aiguille passer le fil à travers le brin avant des 6 mailles restantes et tirer fermement pour fermer. Rentrer le fil et couper

Ailes :

Crocheter en jaune

T 1 : 6 ms dans un cercle magique [6m]

T 2 ; (1 ms, 1 augm.) x 3 [9m]

T 3 : 1 ms dans chaque m [9m]

T 4 : (2 ms, 1 augm.) x 3 [12m]

T 5 à 7 : 3 tours 1 ms dans chaque m [12m]

Ne pas rembourrer les ailes. Couper le fil en laissant suPisamment de longueur pour les coudre sur le corps.

Assemblage :

Coudre les ailes sur les côtés entre les rangs 12 et 12.

Coudre le bec entre les 2 yeux.

Coudre avec un fil de coton blanc la moitié du coutour des yeux.

Coudre de petites plumes sur le dessus de la tête en piquant entre 2 mailles, 4 ml, et ainsi de suite.

7 Les animaux sauvages

Cette collection d'animaux sauvages est composée de certains des animaux les plus majestueux au monde. Nous vous proposons quelques modèles simples avec lesquels vous pouvez créer ces superbes créatures sauvages. Vous trouverez des modèles similaires à nos précédents schémas d'animaux, avec quelques changements particuliers ici et là, ce qui en fait une nouvelle collection idéale pour vous permettre de perfectionner l'art de l'amigurumi. Parcourez ce livre, trouvez votre animal sauvage préféré et laissez la magie du crochet opérer. Votre création sera sûrement appréciée de tous

22. Hugo l'Hippopotame

Hugo l'Hippopotame est un motif simple mais amusant que vous pouvez créer facilement. Avec sa grosse tête, il attire l'attention de tout le monde autour de lui. Essayez différentes couleurs de fil pour le rendre coloré et amusant à jouer avec.

Ce dont vous avez besoin :

- Fil peigné dans la couleur de votre choix
- Fil Rose vif
- Crochet de 4 mm de diamètre
- Comprend une paire d'yeux de sécurité de 6 mm
- Farce
- Aiguille à broder à coudre

Tête :

1. ch 4
2. C1 : 2 ms en la 2ème ch à travers le crochet, ms, 3 ms en la dernière ch
3. Travailler le long de l'arrière de la chaîne, ms, ms (8)
4. C2 : aug 1 en premier ms, aug 1, ms, aug 1, aug 1, aug 1, ms, aug 1 (14)
5. C3 : aug 1 en le premier ms, aug 1, ms en les 4 ms suivants, aug 1, aug 1, aug 1, ms en les quatre ms suivants, aug 1. (20)
6. C4-7 : ms dans chaque ms (20) C8 :(1 dim, 1 dim, ms dans les 6 ms suivants) *2 (16)
7. C9 : (1 dim, ms dans les 6 prochains ms) * 2 (14)
8. C10-11 : ms dans chaque m (14)
9. Bourrer le corps.
10. C12 : (1 dim, ms 2) * autour et se termine par 1 dim dans les 2 derniers ms (10)
11. C13 : dim dans chaque m (5)
12. Attachez et tissez aux extrémités.

Corps :

1. C1 : 5 ms en Cm (5)
2. C2 : aug dans chaque m (10)
3. C3 : (ms 1, aug 1) *5 (15)
4. C4 : (ms 2, aug 1) *5 (20)
5. C5 : (ms 3, aug 1) *5 (25)
6. C6-8 : ms dans chaque m (25)
7. C9 : (ms 3, dim 1) * 5 (20)
8. C10-12 : ms dans chaque m (20)
9. C13 : (dim 1, ms 2) * 5 (15)
10. Fermer laissant une longue queue à coudre.
1. Coudre la tête au corps.

Oreilles (Faire 2) :

1. C1 : 6 ms en Cm (6)
2. C2 : aug dans chaque m (12)
3. Fermer laissant une longue queue à coudre.
4. Coudre les oreilles à la tête.
5. En utilisant du fil rose, brodez droit et cousez pour les narines.

Jambes (Faire 4) :

1. C1 : 6 ms en Cm (6)
2. C2-4 : ms dans chaque m (6)
3. Fermer laissant une longue queue à coudre.
1. Cousez les jambes au corps.

Queue :

1. ch 4, mc en 2ème ch à travers le crochet, ms, ms.
2. Attachez et tissez aux extrémités.
3. Coudre la queue au corps.
4.

23. Nano le Rhinocéros

Le joli motif de rhinocéros, appelé "Nano", est similaire au motif d'hippopotame présenté ci-dessus. En ajoutant simplement des cornes, le motif peut être transformé en celui d'un rhinocéros. Alors, testez vos compétences et profitez de ce modèle simple.

Ce dont vous avez besoin :

- Fil peigné dans la couleur de votre choix
- Fil Gris Foncé
- Crochet de 4 mm de diamètre
- Comprend une paire d'œillets de sécurité de 6 mm
- Farce
- Aiguille à broder à coudre

Tête :

1. ch 4
2. C1 : 2 ms en la 2ème ch à travers le crochet, ms, 3 ms en la dernière ch
3. Travailler le long de l'arrière de la chaîne, ms, ms (8)
4. C2 : aug 1 en premier ms, aug 1, ms, aug 1, aug 1, aug 1, ms, aug 1 (14)
5. C3 : aug 1 en le premier m, aug 1, ms en les 4 ms suivants, aug 1, aug 1, aug 1, ms en les quatre ms suivants, aug 1. (20)
6. C4-7 : ms dans chaque m (20)
7. C8 : (1 dim, 1 dim, ms dans les 6 prochains ms) *2 (16)
8. C9 : (1 dim, ms dans les 6 prochains ms) * 2 (14)
9. C10–11 : ms dans chaque m (14)
10. Bourrer le corps.
11. C12 : (1 dim, ms 2) * autour et se termine par 1 dim dans les 2 derniers ms (10)
12. C13 : dim dans chaque m (5)
13. Attachez et tissez aux extrémités.

Corne :

1. Utilisez du fil gris foncé

Petite :

1. C1 : 3 ms en Cm (3)
2. C2 : aug dans chaque m (6)
3. C3 : (ms 2, aug 1) *2 (8)
4. C4 : ms dans chaque m (8)

Grand :

1. C1 : 3 ms en Cm (3)
2. C2 : aug dans chaque m (6)
3. C3 : (ms 2, aug 1) *2 (8)
4. C4 : (ms 3, aug 1) *2 (10)
5. C5 : ms dans chaque m (10)
6. Cousez les deux cornes sur la tête.

Corps :

1. C1 : 5 ms en Cm (5)
2. C2 : aug dans chaque m (10)
3. C3 : (ms 1, aug 1) * 5 (15)
4. C4 : (ms 2, aug 1) * 5 (20)
5. C5 : (ms 3, aug 1) * 5 (25)
6. C6-8 : ms dans chaque m (25)
7. C9 : (ms 3, dim 1) * 5 (20)
8. C10-12 : ms dans chaque m (20)
9. C13 : (dim 1, ms 2) * 5 (15)
10. Fermer laissant une longue queue à coudre.
11. Coudre la tête au corps.

Oreilles (Faire 2):

1. C1 : 6 ms en Cm (6)
2. C2 : aug dans chaque m (12)
3. Fermer laissant une longue queue à coudre.
4. Coudre les oreilles à la tête.
5. En utilisant du fil rose, brodez droit et cousez pour les narines.

Jambes (Faire 4) :

1. Utilisez du fil gris foncé
2. C1 : 6 ms en Cm (6)
3. C2 : ms dans chaque m (6)
4. Changement de couleur de carrosserie
5. C3-4 : ms dans chaque m (6)
6. Fermer laissant une longue queue à coudre.
7. Cousez les jambes au corps.

Queue :

1. ch 4, mc en 2ème ch à travers le crochet, ms, ms.
2. Attachez et tissez aux extrémités.
3. Coudre l queue au corps.

24. Ella l'Éléphant

Ella est un éléphant majestueux et sauvage que vous pouvez apprécier. Sa jolie petite trompe la rend très curieuse. Vous pouvez réaliser ce modèle dans différentes couleurs et vous amuser ave.

Ce dont vous avez besoin :

- Fil peigné dans la couleur de votre choix
- Crochet de 4 mm de diamètre
- Comprend une paire d'œillets de sécurité de 6 mm
- Farce
- Aiguille à broder à coudre

Tête :

1. C1 : 6 ms en Cm (6)
2. C2 : ms aug dans chaque m (12)
3. C3 : (ms en 1 m, ms aug 1) * 6 (18)
4. C4 : (ms en 2 m, ms aug 1) *6 (24)
5. C5 : (ms en 3 m, ms aug 1) *6 (30)
6. C6 : (ms en 4 m, ms aug 1) *6 (36)
7. C7 : (ms en 5 m, ms aug 1) *6 (42)
8. C8-13 : ms dans chaque m (42)
9. Fixez les yeux à la tête à R5
10. C14 : (ms en 5 m, ms dim 1) * 6 (36)
11. C15 : (ms en 4 m, ms dim 1) * 6 (30)
12. C16 : (ms en 3 m, ms dim 1) * 6 (24)
13. C17 : (ms en 2 m, ms dim 1) * 6 (18)
14. Bourrez la tête.
15. C18 : (ms en 1 m, ms dim 1) * 6 (12)
16. C19 : dim dans chaque m (6)
17. Attachez et tissez aux extrémités.

Tronc :

1. C1 : 6 ms en Cm (6)
2. C2 : ms dans chaque m (6)
3. C3 : ms en 3 m, mc 3 m (6)
4. C4 : (ms en 1 m, ms aug 1) *3 (9)
5. C5-6 : ms en chaque m (9)
6. C7 : (ms en 2 m, ms aug 1) *3 (12)
7. C8-9 : ms en 2 m, mc en 6 m, sc en 4 m (12)
8. C10 : ms en 4 m, mc en 4 m, ms en 4 m (12)
9. Fermer laissant une longue queue à coudre.
10. Cousez le tronc à l'avant de la tête.

Corps :

1. C1 : 6 ms en Cm (6)
2. C2 : ms aug dans chaque m (12)
3. C3 : (ms en 1 m ms aug 1) * 6 (18)
4. C4 : (ms en 2 m, ms aug 1) *6 (24)
5. C5 : (ms en 3 m, ms aug 1) *6 (30)
6. C6 : (ms en 4 m, ms aug 1) *6 (36)
7. C7-12 : ms dans chaque m (36)
8. C13 : (ms en 4 m, ms dim 1) * 6 (30)
9. C14 : (ms en 3 m, ms dim 1) * 6 (24)
10. C15 : (ms en 2 m, ms dim 1) * 6 (18)
11. Bourrer le corps.
12. C16 : (ms en 1 m, ms dim 1) * 6 (12)
13. C17 : dim dans chaque m (6)
14. Attachez et tissezux extrémités.

15. Cousez la tête au corps.

Bras (Faire 2) :

1. C1 : 6 ms en Cm (6)
2. C2 : ms aug dans chaque m (12)
3. C3-4 : ms dans chaque m (12)
4. C5 : (ms en 4 m, ms dim 1) *2 (10)
5. C6-7 : ms dans chaque m (10)
6. C8 : (ms en 3 m, sc dim 1) *2 (8)
7. C9 : ms dans chaque m (8)
8. Farcir légèrement.
9. Fermer laissant une longue queue à coudre.
10. Fixez les bras sur les côtés du corps.

Jambes (Faire 2) :

1. C1 : 6 ms en Cm (6)
2. C2 : ms aug dans chaque m (12)
3. C3-8 : ms dans chaque m (12)
4. C9 : (ms en 1 m, ms dim 1) * 4 (8)
5. Farcir légèrement.
6. Fermer laissant une longue queue à coudre.
7. Fixez les jambes sur les côtés du corps.

Oreilles (Faire 2) :

1. C1 : 6 sc en MR (6)
2. C2 : ms aug dans chaque st (12)
3. C3 : (ms en 1 m, ms aug 1) * 6 (18)
4. C4 : (ms dans 2 m, ms aug 1) * 6 (24)
5. C5-7 : ms dans chaque m (24)
6. C8 : (ms en 6 m, ms dim 1) *3 (21)
7. C9 : (ms en 5 m, ms dim 1) *3 (18)
8. Fermer laissant une longue queue à coudre.
9. Attachez les oreilles à la tête.

Queue :

1. ch 10 et attachez-le en laissant une queue de 1 pouce. Coupez quatre brins de 3 pouces de long et attachez-les avec le ch 10 à l'extrémité de la queue.
2. Ouvrez les brins pour faire paraître plus fluffier.

25. Chérie l'Ours

Chérie est assez simple à réaliser. Avec ce modèle, vous pouvez le personnaliser pour l'adapter à une variété de styles. Alors, sortez votre crochet et votre fil et fabriquez cet adorable ours. Faites-le en cadeau ou simplement pour l'ajouter à votre collection personnelle.

Ce dont vous avez besoin :

- Fil peigné dans la couleur de votre choix
- Crochet de 4 mm de diamètre
- Comprend une paire d'œillets de sécurité de 6 mm
- Farce
- Aiguille à broder à coudre

Tête :

1. C1 : 6 ms en Cm (6)
2. C2 : ms aug dans chaque m (12)
3. C3 : (ms en 1 m, sc inc 1) * 6 (18)
4. C4 : (ms en 2 m, ms aug 1) *6 (24)
5. C5 : (ms en 3 m, ms aug 1) *6 (30)
6. C6 : (ms en 4 m, ms aug 1) *6 (36)
7. C7 : (ms en 5 m, ms aug 1) *6 (42)
8. C8-13 : ms dans chaque m (42)
9. Fixez les yeux à la tête à R9
10. C14 : (ms en 5 m, ms dim 1) * 6 (36)

11. C15 : (ms en 4 m, ms dim 1) * 6 (30)
12. C16 : (ms en 3 m, ms dim 1) * 6 (24)
13. C17 : (ms en 2 m, ms dim 1) * 6 (18)
14. Bourrez la tête.
15. C18 : (ms en 1 m, ms dim 1) * 6 (12)
16. C19 : dim dans chaque m (6)
17. Attachez et tissez aux extrémités.

Bouche :

1. C1 : 6 ms en Cm (6)
2. C2 : ms aug dans chaque m (12)
3. C3 : (ms en 1 m, ms aug 1) * 6 (18)
4. C4-6 : ms dans chaque m (18)
5. C7 : (ms en 1 m, ms dim 1) * 6 (12)
6. Bourre la bouche.
7. Fermer laissant une longue queue à coudre.
8. Cousez la bouche à l'avant de la tête. Avec du fil noir, cousez un point droit sur C2.

Corps :

1. C1 : 6 ms en Cm (6)
2. C2 : ms aug dans chaque m (12)
3. C3 : (ms en 1 m, ms aug 1) * 6 (18)
4. C4 : (ms en 2 m, ms aug 1) *6 (24)
5. C5 : (ms en 3 m, ms aug 1) *6 (30)
6. C6 : (ms en 4 m, ms aug 1) *6 (36)
7. C7-12 : ms dans chaque m (36)
8. C13 : (ms en 4 m, ms dim 1) * 6 (30)
9. C14 : (ms en 3 m, ms dim 1) * 6 (24)
10. C15 : (ms en 2 m, ms dim 1) * 6 (18)
11. Bourrer le corps.
12. C16 : (ms en 1 m, ms dim 1) * 6 (12)
13. C17 : dim dans chaque m (6)
14. Attachez et tissez aux extrémités.
15. Cousez la tête au corps.

Bras (Faire 2) :

1. C1 : 6 ms en Cm (6)
2. C2 : ms aug dans chaque m (12)
3. C3 : 4 ms dans chaque m (12)
4. C5 : (ms en 4 m, ms dim 1) *2 (10)
5. C6 : 7 ms dans chaque m (10)
6. C8 : (ms en 3 m, ms dim 1) *2 (8)
7. C9 : ms dans chaque m (8)
8. Farcir légèrement.
9. Fermer laissant une longue queue à coudre.
10. Fixez les bras sur les côtés du corps.

1. **Jambes** (Faire 2) :
1. C1 : 6 ms en Cm (6)
2. C2 : ms aug dans chaque m (12)
3. C3 : 8 ms dans chaque m (12)
4. C9 : (ms en 1 m, ms dim 1) * 4 (8)
5. Farcir légèrement.
6. Fermer laissant une longue queue à coudre.
7. Fixez les jambes sur les côtés du corps.

Oreilles (Faire 2) :

1. C1 : 6 ms en Cm (6)
2. C2 : ms aug dans chaque m (12)
3. C3 : (ms en 1 m, ms aug 1) * 6 (18)
4. C4 : (ms en 2 m, ms aug 1) * 6 (24)
5. C5 :7 ms dans chaque m (24)
6. C8 : (ms en 6 m, ms dim 1) *3 (21)
7. C9 : (ms en 5 m, ms dim 1) *3 (18)
8. Fermer laissant une longue queue à coudre.
9. Attachez les oreilles

26. Comète le Renne

C'est Noël avec Comet, le renne... n'est-ce pas ? Utilisez des couleurs festives pour célébrer la saison et vous pouvez également l'accessoiriser avec des écharpes et des nœuds. Il deviendra sûrement un membre de la famille. Les enfants et les adultes apprécient l'esprit joyeux des vacances tout au long de l'année.

Ce dont vous avez besoin :
- Fil peigné dans la couleur de votre choix
- Fil noir blanc et rouge
- Crochet de 4 mm de diamètre
- Comprend une paire d'yeux de sécurité de 6 mm
- Farce
- Aiguille à broder à coudre

Tête :
1. C1 : 6 ms en Cm (6)
2. C2 : ms aug dans chaque m (12)
3. C3 : (ms en 1 m, ms aug 1) * 6 (18)
4. C4 : (ms en 2 m, ms aug 1) *6 (24)
5. C5 : (ms en 3 m, ms aug 1) *6 (30)
6. C6 : (ms en 4 m, ms aug 1) *6 (36)
7. C7 : (ms en 5 m, ms aug 1) *6 (42)
8. C8-13 : ms dans chaque m (42)
9. Fixez les yeux à la tête à R9
10. C14 : (ms en 5 m, ms dim 1) * 6 (36)
11. C15 : (ms en 4 m, ms dim 1) * 6 (30)
12. R16 : (ms en 3 m, ms dim 1) * 6 (24)
13. R17 : (ms en 2 m, ms dim 1) * 6 (18)
14. Bourrez la tête.
15. C18 : (ms en 1 m, sc dim 1) * 6 (12)
16. R19 : dim dans chaque m (6)
17. Attachez et tissez aux extrémités.

Bouche :
1. Avec du fil blanc.
2. C1 : 6 ms en Cm (6)
3. C2 : ms aug dans chaque m (12)
4. C3 : (ms en 1 m, ms aug 1) * 6 (18)
5. C4-6 : ms dans chaque m (18)
6. C7 : (ms en 1 m, ms dim 1) * 6 (12)
7. Bourre la bouche.
8. Fermer laissant une longue queue à coudre.
9. Cousez la bouche à l'avant de la tête.
10. Avec du fil rouge cousez un nez de C1 à C3.

Corps :
1. C1 : 6 ms en Cm (6)
2. C2 : ms aug dans chaque m (12)
3. C3 : (ms en 1 m, ms aug 1) * 6 (18)
4. C4 : (ms dans 2 m, ms aug 1) *6 (24)
5. C5 : (ms en 3 m, ms aug 1) *6 (30)
6. C6 : (ms en 4 m, ms aug 1) *6 (36)
7. C7-12 : ms dans chaque m (36)
8. C13 : (ms en 4 m, ms dim 1) * 6 (30)
9. C14 : (ms en 3 m, ms dim 1) * 6 (24)
10. C15 : (ms en 2 m, ms dim 1) * 6 (18)
11. Bourrer le corps.
12. C16 : (ms en 1 m, ms dim 1) * 6 (12)
13. C17 : dim dans chaque m (6)
14. Attachez et tissez aux extrémités.
15. Cousez la tête au corps.

Jambes (Faire 4) :
1. C1 : 6 ms en Cm (6)
2. C2 : aug dans chaque m (12)
3. C3 : 7 ms dans chaque m (12)
4. Fermer laissant une longue queue à coudre.
5. Poussez les jambes et cousez-les au corps.
1. Bois (Faire 2) :

Partie longue :

1. C1 : 6 sc en MR (6)
2. C2 : aug dans chaque m (12)
3. C3 :7 ms dans chaque m (12)
4. Fermer laissant une longue queue à coudre.

Partie courte :

1. C1 : 6 ms en Cm (6)
2. C2 : aug dans chaque m (12)
3. C3-5 : ms dans chaque m (12)
4. Fermer laissant une longue queue à coudre.
5. Maintenant, joignez une partie courte à une partie longue pour former une forme en Y. Fixez les deux bois terminés au sommet de la tête.

Oreilles (Faire 2) :

1. C1 : 6 ms en Cm (6)
2. C2 : aug dans chaque m (12)
3. C3-4 : ms dans chaque m (12)
4. Fermer laissant une longue queue à coudre.
5. Fixez les oreilles au sommet de la tête.

Foulard :

1. Utilise du fil rouge.
2. ch 30.
3. db dans chacun des ch.
4. Attachez et tissez aux extrémités.
5. Placez l'écharpe autour du cou et fixez-la avec un nœud.

27. Dave le Tigre

Dave est un tigre au look cool que vous pouvez facilement crocheter. Ajoutez-lui un grand sourire pour le rendre heureux. Avec de gros boutons ou des yeux de sécurité, Dave le Tigre prendra vie !

Ce dont vous avez besoin :

- Fil peigné dans la couleur de votre choix
- Fils blancs et noirs mélangés
- Crochet de 4 mm de diamètre
- Une paire d'yeux de sécurité de 6 mm
- Farce
- Aiguille à broder à coudre
- CC : Changer Coleur

Tête :

1. C1 : 6 ms en Cm (6)
2. C2 : ms aug dans chaque m (12)
3. C3 : (ms en 1 m, ms aug 1) * 6 (18)
4. C4 : (ms en 2 m, ms aug 1) *6 (24)
5. C5 : (ms en 3 m, ms aug 1) *6 (30)
6. C6 : (ms en 4 m, ms aug 1) *6 (36)
7. C7 : (ms en 5 m, ms aug 1) *6 (42)
8. C8 : ms dans chaque m (42)
9. C9 : (ms en 6 m, ms aug 1) *6 (48)
10. C10 : ms dans chaque m (48)
11. C11 : (ms dans 7 m, ms aug 1) * 6 (54)
12. C12-17 : ms dans chaque m (54)
13. C18 : (ms en 7 m, ms dim 1) * 6 (48)
14. C19 : (ms en 6 m, ms dim 1) * 6 (42)
15. C20 : (ms en 5 m, ms dim 1) * 6 (36)
16. C21 : (ms en 4 m, ms dim 1) * 6 (30)
17. C22 : (ms en 3 m, ms dim 1) * 6 (24)

18. Bourrez la tête.
19. Fermer laissant une longue queue à coudre.

Bouche :

1. C1 : 6 ms en Cm (6)
2. C2 : ms aug dans chaque m (12)
3. C3 : (ms en 1 m, ms aug 1) * 6 (18)
4. C4 : (ms en 2 m, ms aug 1) *6 (24)
5. C5 : (ms en 3 m, ms aug 1) *6 (30)
6. Fermer laissant une longue queue à coudre.
7. Avec du fil noir, cousez un nez et des lèvres à la bouche. Attachez la bouche à la tête. Avec du fil noir, ajoutez des moustaches.
8. Fixez les yeux de sécurité juste au-dessus de la bouche. En utilisant du fil noir, vous pouvez ajouter des rayures en cousant des points droits à intervalles égaux à l'arrière de la tête.

Corps :

1. C1 : 6 ms en Cm (6)
2. C2 : ms aug dans chaque m (12)
3. C3 : (ms en 1 m, ms aug 1) * 6 (18)
4. C4 : (ms en 2 m, ms aug 1) *6 (24)
5. C5 : (ms en 3 m, ms aug 1) *6 (30)
6. C6-7 : ms dans chaque m (30)
7. CC Fil noir
8. C8 : ms dans chaque m (30)
9. CC couleur principale
10. C9-10 : ms dans chaque m (30)
11. Fil noir CC
12. C11 : (ms en 3 m, ms dim 1) * 6 (24)
13. CC couleur principale
14. C12-14 : ms dans chaque m (24)
15. Bourrer le corps.
16. En utilisant le fil laissé par la tête, cousez le corps et la tête ensemble aux extrémités ouvertes.

Jambes (Faire 2) :

1. C1 : ch 4, ms en 2ème ch à travers le crochet, ms, 3 ms en la m suivante, (en marche arrière) ms, 2 ms dans la dernière m.
2. C2 : ms aug 1, ms, (ms aug 1) * 3, ms, (ms aug 1) * 2

3. C3 : ms aug 1, ms, ms, (ms aug 1, ms) *3, ms, (ms aug 1, ms) *2
4. C4 : ms dans chaque m
5. C5 : ms en 5 m, (ms dim 1, ms en 2 m) * 3, ms en 3 m
6. C6 : ms en 5 m, (ms dim 1, ms en 1 m) * 3, ms en 3 m
7. C7-8 : ms dans chaque m
8. Fermer laissant une longue queue à coudre.
9. Poussez les jambes et attachez-les au corps.
10. En utilisant du fil noir, vous pouvez ajouter des rayures en cousant des points droits à intervalles égaux.

Bras (Faire 2) :

1. C1 : 6 ms en Cm (6)
2. C2 : ms aug dans chaque m (12)
3. C3-9 : ms dans chaque m (12)
4. Fermer laissant une longue queue à coudre.
5. Poussez les bras et attachez-les au corps.
6. En utilisant du fil noir, vous pouvez ajouter des rayures en cousant des points droits à intervalles égaux.

Queue :

1. C1 : 6 ms en Cm (6)
2. C2 : (ms en 1 m, ms aug 1) * 3 (9)
3. C3-12 : ms dans chaque m (9)
4. Fermer laissant une longue queue à coudre.
5. Poussez la queue et attachez-la au corps.

1. Oreilles (Faire 2) :
1. C1 : 6 ms en Cm (6)
2. C2 : ms aug dans chaque m (12)
3. C3 : (ms en 3 m, ms aug 1) * 3 (15)
4. C4-5 : ms dans chaque m (15)
5. Fermer laissant une longue queue à coudre.
6. Attachez-le à la tête.

28. Zen le Panda

Zen serait un ajout formidable et adorable à votre collection. Avec son apparence mignonne, Zen est sûr d'impressionner tout le monde autour. Ce panda noir et blanc est quelque chose que vous pouvez facilement crée.

Ce dont vous avez besoin :

- Laine peignée en noir et blanc
- Crochet de 4 mm de diamètre
- Comprend une paire d'œillets de sécurité de 6 mm
- Farce
- Aiguille à broder à coudre

Tête :

1. Utilisez du fil blanc.
2. C1 : 6 ms en Cm (6)
3. C2 : ms aug dans chaque m (12)
4. C3 : (ms en 1 m, ms aug 1) * 6 (18)
5. C4 : (ms en 2 m, ms aug 1) * 6 (24)
6. C5 : (ms en 3 m, ms aug 1) * 6 (30)
7. C6 : (ms en 4 m, ms aug 1) * 6 (36)
8. C7 : (ms en 5 m, ms aug 1) * 6 (42)
9. C8 : ms dans chaque m (42)
10. C9 : (ms en 6 m, ms aug 1) * 6 (48)
11. C10 : ms dans chaque m (48)
12. C11 : (ms dans 7 m, ms aug 1) * 6 (54)
13. C12-17 : ms dans chaque m (54)
14. C18 : (ms en 7 m, ms dim 1) * 6 (48)
15. C19 : (ms en 6 m, ms dim 1) * 6 (42)
16. C20 : (ms en 5 m, ms dim 1) * 6 (36)
17. C21 : (ms en 4 m, ms dim 1) * 6 (30)
18. C22 : (ms en 3 m, ms dim 1) * 6 (24)
19. Bourrez la tête.
20. Fermer laissant une longue queue à coudre.

Bouche :

1. C1 : 6 sc en MR (6)
2. C2 : ms aug dans chaque st (12)
3. C3 : (ms en 1 m, ms aug 1) * 6 (18)
4. C4 : (ms dans 2 m, sc aug 1) * 6 (24)
5. C5-6 : ms dans chaque m (24), laissant une longue queue à coudre.
6. Avec du fil noir, cousez un nez et des lèvres à la bouche. Bourrez la bouche et attachez la bouche à la tête.

Cache-œil (Marque 2) :

1. Utilisez du fil noir
2. C1 : ch4, ms dans 2eme ch du crochet, ms, ms aug 1, ms, ms aug 1
3. C2 : ms aug 1, ms à 3 m, ms aug 1, ms aug 1, ms à 3 m, ms aug 1
4. C3 : ms, ms aug 1, ms en 2m, db, db aug 1, ms en 2 m, db aug 1, db, ms en 2 m, ms aug 1, ms
5. Fermer laissant une longue queue à coudre. Attachez-le à la tête.
6. Fixez des œillets de sécurité sur le cache-œil.

Corps :

1. Utilisez du fil blanc.
2. C1 : 6 ms en Cm (6)
3. C2 : ms aug dans chaque m (12)
4. C3 : (ms en 1 m, ms aug 1) * 6 (18)
5. C4 : (ms en 2 m, ms aug 1) * 6 (24)
6. C5 : (ms en 3 m, ms aug 1) * 6 (30)
7. C6-10 : ms dans chaque m (30)
8. C11 : (ms en 3 m, ms dim 1) * 6 (24)
9. CC : Fil noir
10. C12-14 : ms dans chaque m (24)
11. Bourrer le corps.

12. En utilisant les restes de fil de la tête, cousez le corps et la tête ensemble aux extrémités ouvertes.

Jambes (Faire 2) :

1. C1 : ch 4, ms en 2ème ch à travers le crochet, ms, 3 ms dans la m suivante, (en marche arrière) ms, 2 ms dans la dernière m.
2. C2 : ms aug 1, ms, (ms aug 1) * 3, ms, (ms aug 1) * 2
3. C3 : ms aug 1, ms, ms, (ms aug 1, ms) *3, ms, (ms aug 1, ms) *2
4. C4 : ms dans chaque m
5. C5 : ms en 5 m, (ms dim 1, ms en 2 m) * 3, ms en 3 m
6. C6 : ms en 5 m, (ms dim 1, ms en 1 m) * 3, ms en 3 m
7. C7-8 : ms dans chaque m
8. Fermer laissant une longue queue à coudre.
9. Poussez les jambes et attachez-les au corps.

Bras (Faire 2) :

1. C1 : 6 ms en Cm (6)
2. C2 : ms aug dans chaque st (12)
3. C3-9 : ms dans chaque m (12)
4. Fermer laissant une longue queue à coudre.
5. Poussez les bras et attachez-les au corps.

Queue :

1. C1 : 6 ms en Cm (6)
2. C2 : (ms en 1 m, ms aug 1) * 3 (9)
3. C3-12 : ms dans chaque m (9)
4. Fermer laissant une longue queue à coudre.
5. Poussez la queue et attachez-la au corps.

Oreilles (Faire 2) :

1. C1 : 6 ms en Cm (6)
2. C2 : ms aug dans chaque m (12)
3. C3 : (ms en 3 m, ms aug 1) * 3 (15)
4. C4-5 : ms dans chaque m (15)
5. Fermer laissant une longue queue à coudre.
6. Attachez-le à la tête.

29. Kimba le Lion

Votre collection d'animaux sauvages ne sera pas complète sans le roi de la jungle.

Ce motif de lion est simple et rapide à réaliser. Les cheveux orange crochetés autour de la tête lui donnent un look majestueux.

Ce dont vous avez besoin :

- Fil peigné dans la couleur de votre choix
- Fil orange et blanc
- Crochet de 4 mm de diamètre
- Comprend une paire d'œillets de sécurité de 6 mm
- Farce
- Aiguille à broder à coudre

Tête :

1. C1 : 6 ms en Cm (6)
2. C2 : ms aug dans chaque m (12)
3. C3 : (ms en 1 m, ms aug 1) * 6 (18)
4. C4 : (ms en 2 m, ms aug 1) *6 (24)
5. C5 : (ms en 3 m, ms aug 1) *6 (30)
6. C6 : (ms en 4 m, ms aug 1) *6 (36)
7. C7 : (ms en 5 m, ms aug 1) *6 (42)
8. C8 : ms dans chaque m (42)
9. C9 : (ms en 6 m, ms aug 1) *6 (48)
10. C10 : ms dans chaque m (48)
11. C11 : (ms en 7 m, ms aug 1) * 6 (54)

12. C12-17 : sc dans chaque m (54)
13. C18 : (ms en 7 m, ms dim 1) *6 (48)
14. C19 : (ms en 6 m, ms dim 1) *6 (42)
15. C20 : (ms en 5 m, ms dim 1) *6 (36)
16. C21 : (ms en 4 m, ms dim 1) * 6 (30)
17. C22 : (ms en 3 m, ms dim 1) * 6 (24)
18. Bourrez la tête.
19. Fermer laissant une longue queue à coudre.

Bouche :

1. Utilisez du fil blanc
2. C1 : 6 ms en Cm (6)
3. C2 : ms aug dans chaque m (12)
4. C3 : (ms en 1 m, ms aug 1) * 6 (18)
5. C4 : (ms en 2 m, ms aug 1) * 6 (24)
6. C5-6 : ms dans chaque m (24)
7. Fermer laissant une longue queue à coudre.
8. Avec du fil orange, cousez un nez et avec du fil noir, cousez les lèvres à la bouche. Bourrez la bouche et attachez la bouche à la tête. Fixez les yeux de sécurité juste au-dessus de la bouche.

Corps :

1. C1 : 6 ms en Cm (6)
2. C2 : ms aug dans chaque m (12)
3. C3 : (ms en 1 m, ms aug 1) * 6 (18)
4. C4 : (ms en 2 m, ms aug 1) * 6 (24)
5. C5 : (ms en 3 m, ms aug 1) * 6 (30)
6. C6-10 : ms dans chaque m (30)
7. C11 : (ms en 3 m, ms dim 1) *6 (24)
8. C12-14 : ms dans chaque m (24)
9. Bourrer le corps.
10. En utilisant le fil laissé par la tête, cousez le corps et la tête ensemble aux extrémités ouvertes.

Jambes (Faire 2) :

1. C1 : ch 4, ms en 2ème ch à travers le crochet, ms, 3 ms dans la m suivante, (en marche arrière) ms, 2 ms dans la dernière m.
2. C2 : ms aug 1, ms, (ms aug 1) * 3, ms, (ms aug 1) * 2
3. C3 : ms aug 1, ms, ms, (ms aug 1, ms) *3, ms, (ms aug 1, ms) *2
4. C4 : ms dans chaque m

5. C5 : ms en 5 m, (ms dim 1, ms en 2 m) * 3, ms en 3 m
6. C6 : ms en 5 m, (ms dim 1, ms en 1 m) * 3, ms en 3 m
7. C7-8 : ms dans chaque m
8. Fermer laissant une longue queue à coudre.
9. Poussez les jambes et attachez-les au corps.

Bras (Faire 2) :

1. C1 : 6 ms en Cm (6)
2. C2 : ms aug dans chaque m (12)
3. C3-9 : ms dans chaque m (12)
4. Fermer laissant une longue queue à coudre.
5. Poussez les bras et attachez-les au corps.

Queue :

1. C1 : Ch 15, ms dans chaque ch.
2. Fermer laissant une longue queue à coudre.
3. Attachez-le au corps.

Oreilles (Faire 2) :

1. C1 : 6 ms en Cm (6)
2. C2 : ms aug dans chaque m (12)
3. C3 : (ms en 3 m, ms aug 1) * 3 (15)
4. C4-5 : ms dans chaque m (15)
5. Fermer laissant une longue queue à coudre.
6. Attachez-le à la tête.
7. À l'aide de fil orange, coupez 4 brins de 5 pouces.
8. Attachez-les au bout de la queue à l'aide d'un nœud.

Cheveu :

1. Utilisez du fil orange.
2. C1 : ch 60, tourner
3. C2 : ms dans la m suivante, (db dans la m suivante, {b, Tr, b} dans la m suivante, db dans la m suivante, mc dans la m suivante) * jusqu'à la fin.
4. Fermer laissant une longue queue à coudre.
5. Attachez les cheveux autour de la tête et fixez-les avec des points droits.

30. Arlo le Bébé Dinosaure

Ce modèle adorable pour bébé Arlo vous fera fondre. Il est très simple à réaliser et vous pouvez le modifier en ajustant la longueur avec des crochets plus grands. Utilisez le fil de couleur de votre choix. Vous pouvez également ajouter des pointes pour transformer le dinosaure en une autre espèce de dinosaure. Amusez-vous avec ce modèle et laissez libre cours à votre créativité pour créer différentes variations.

Ce dont vous avez besoin :

1. Fil peigné dans la couleur de votre choix
2. Fil noir
3. Crochet de 4 mm
4. Une paire d'œillets de sécurité de 6 mm
5. Farce
6. Aiguille à broder à coudre

Tête :

1. C1 : 6 ms en Cm (6)
2. C2 : ms aug dans chaque m (12)
3. C3-4 : ms dans chaque m (12)
4. C5 : ms aug * 3, ms en 9 m (15)
5. C6-7 : ms dans chaque m (15)
6. C8 : ms en 6 m, (ms en 1 m, ms dim 1) * 3 (12)
7. Fixez les œillets de sécurité à C6
8. C9 : (ms en 1 m, ms dim 1) * 4 (8)
9. Bourrer la tête
10. C10 : (ms en 1 m, ms dim 1) * 2, mc (6)
11. Serrez en laissant une longue queue à coudre.

Cou :

1. C1 : 6 ms en Cm (6)
1. 2.C2: 7 ms dans chaque m (6)
2. Bourrez le cou.
3. Serrez en laissant une longue queue à coudre.
4. Attachez le cou à la tête.
5. En utilisant du fil noir, cousez une bouche sur la tête.

Corps :

1. C1 : 6 ms en Cm (6)
2. C2 : ms aug dans chaque m (12)
3. C3 : (ms en 1 m, ms aug 1) * 6 (18)
4. C4-10 : ms dans chaque m (18)
5. C11 : (ms en 1 m, ms dim 1) * 6 (12)
6. Bourrer le corps.
7. C12 : ms dim * 6 (6)
8. Serrez en laissant une longue queue à coudre.
9. Attachez le corps à la partie inférieure du cou.

Pieds (Faire 4) :

1. C1 : 6 ms en Cm (6)
2. C2-7 : ms dans chaque m (6)
3. Bourrez le cou.
4. Serrez en laissant une longue queue à coudre.
5. Attachez les pieds au corps.

Queue :

1. C1 : 4 ms dans Cm (4)
2. C2 : ms dans chaque m (4)
3. C3 : (ms en 1 m, ms aug 1) * 2 (6)
4. C4 : (ms dans 2 m, ms aug 1) * 2 (8)
5. C5 : ms dans chaque m (8)
6. C6 : (ms en 3 m, ms aug 1) * 2 (10)
7. C7 : ms dans chaque m (10)
8. C8 : (ms en 4 m, ms aug 1) * 2 (12)
9. C9 : ms dans chaque m (12)
10. Farcir la queue.
11. Serrez en laissant une longue queue à coudre.

12. Attachez la queue au corps.

Ornements (Faire 3) :

1. C1 : 6 ms en Cm (6)
2. Serrez en laissant une longue queue à coudre.
3. Fixez les cercles sur le côté du corps

8 Les Jolies minions

Nous allons maintenant vous présenter certaines des créatures fascinantes de la nature, les insectes et les abeilles ! Ces incroyables créatures sont un rêve à crocheter. Elles peuvent être utilisées comme accessoires tels que des porte-clés, ou comme objets d'exposition, etc. Alors, crochetons ces adorables créatures et créons notre propre collection de Créatures Incroyables

31. Katy la Chenille

N'est-elle pas magnifique ? Katy, la chenille, est un jouet coloré que vous pouvez facilement crocheter en un rien de temps. Utilisez n'importe quel fil coloré que vous avez pour créer ce beau jouet. Vous pouvez la faire aussi longue que vous le souhaitez en ajoutant simplement des segments de corps supplémentaires.

Ce dont vous avez besoin :

- ➢ Fil peigné dans les couleurs de votre choix
- ➢ Crochet rond de 3,5 mm
- ➢ Comprend une paire d'œillets de sécurité de 6 mm
- ➢ Farce
- ➢ Aiguille à broder à coudre

Corps :

1. C1 : 6 ms en Cm (6)
2. C2 : aug dans chaque m (12)
3. C3 : (ms 1, aug 1) *6 (18)
4. C4 : (ms 2, aug 1) *6 (24)
5. C5 : (ms 3, aug 1) *6 (30)
6. C6 : (ms 4, aug 1) *6 (36)
7. C7 : (ms 5, aug 1) *6 (42)
8. C8 : (ms 6, aug 1) *6 (48)
9. C9-16 : ms dans chaque m (48)
10. C17 : (ms 6, dim 1) *6 (42)
11. C18 : (ms 5, dim 1) *6 (36)
12. C19 : (ms 4, dim 1) *6 (30)
13. C20 : (ms 3, dim 1) *6 (24)
14. C21 : (ms 2, dim 1) *6 (18)
15. Premier segment de carrosserie fabriqué. Trucs bien. Maintenant, changez de couleur pour créer le segment suivant. Farce après chaque segment est créé.
16. Répétez C4-C21 quatre fois.
17. C22 : (ms 1, dim 1) *6 (12)
18. C23 : dim * 6 (6)
19. Bourrer le corps. Attachez et tissez aux extrémités.

Tête :

1. C1 : 6 ms en Cm (6)
2. C2 : aug dans chaque m (12)
3. C3 : (ms 1, aug 1) *6 (18)
4. C4 : (ms 2, aug 1) *6 (24)
5. C5 : (ms 3, aug 1) *6 (30)
6. C6 : (ms 4, aug 1) *6 (36)
7. C7 : (ms 5, aug 1) *6 (42)
8. C8 : (ms 6, aug 1) * (48)
9. C9 : (ms 7, aug 1) *6 (54)
10. Fixez les yeux à c4.
11. Cousez une bouche avec du fil rouge.
12. C10-17 : ms dans chaque m (54)
13. C18 : (ms 7, dim 1) *6 (48)
14. C19 : (ms 6, dim 1) *6 (42)
15. C20 : (ms 5, dim 1) *6 (36)
16. C21 : (ms 4, dim 1) *6 (30)
17. C22 : (ms 3, dim 1) *6 (24)
18. C23 : (ms 2, dim 1) *6 (18)
19. Bourrez la tête.
20. C24 : (ms 1, dim 1) *6 (12)
21. C25 : dim * 6 (6)
22. Attachez et tissez aux extrémités. Cousez la tête au corps.

Antennes (Marque 2) :

1. C1 : 6 ms en Cm (6)
2. C2 : aug dans chaque m (12)
3. C3 : (ms 3, aug 1) * 3 (15)
4. C4-6 : ms dans chaque m (15)
5. C7 : (ms 1, dim 1) * 6 (10)
6. C8-12 : ms dans chaque m (10)
7. Fermer laissant une longue queue à coudre. Cousez les antennes sur la tête.

Pieds (Faire 10) :

1. ch 8, db dans 3 -ème ch à partir du crochet, db dans le ch restant.
2. Fermer laissant une longue queue à coudre.
3. Cousez deux pieds sur chacun des segments du corps.

32. Ollie le Hibou

Voici un jouet préféré de tous les temps que les enfants et les adultes adorent. Nous vous proposons un petit motif qui peut être utilisé pour différentes choses, comme des ornements, des porte-clés, etc. Amusez-vous donc avec ce motif et choisissez des couleurs vives et audacieuses pour donner du relief à votre hibou.

Ce dont vous avez besoin :

- Fil peigné dans la couleur de votre choix
- Fils de coton blanc et rose
- Crochet de 3 mm de diamètre
- Une paire de boutons noirs
- Farce
- Aiguille à broder à coudre

Corps :

1. Utilisez la couleur de fil de votre choix (A)
2. C1 : 6 ms en Cm (6)
3. C2 : aug dans chaque st (12)
4. C3 : (ms 1, aug 1) *6 (18)
5. C4 : (ms 2, aug 1) *6 (24)
6. C5 : (ms 3, aug 1) *6 (30)
7. C6 : (ms 4, aug 1) *6 (36)
8. C7 : (ms 5, aug 1) *6 (42)
9. C8 : (ms 6, aug 1) *6 (48)
10. C9 : (ms 7, aug 1) *6 (54)
11. C10 - 20 : ms dans chaque m (54)
12. C21 : (ms 7, dim 1) *6 (48)
13. C22 : ms dans chaque m (48)
14. C23 : (ms 6, dim 1) *6 (42)
15. C24 : ms dans chaque m (42)
16. C25 : (ms 5, dim 1) *6 (36)
17. C26 : ms dans chaque m (36)
18. C27 : (ms 4, dim 1) * 6 (30)
19. C28 : ms dans chaque m (30)
20. Bourrez bien le corps.
21. Pliez le corps et ms sur le dessus pour combler l'écart.

Yeux (Faire 2) :

1. Utilisez du fil blanc
2. C1 : 6ms en Cm (6)
3. C2 : aug dans chaque m (12)
4. C3 : (ms 1, aug 1) * 6 (18)
5. Fermer laissant une longue queue à coudre.
6. Placez les yeux sur le corps en gardant une distance de 3 m entre les deux.
7. Placez un bouton noir au centre de chaque œil et cousez les yeux en place.

Bec :

1. Utilisez du fil rose
2. ch4, mc dans 2 -ème ch du crochet, ms dans les 2 m suivantes.
3. Fermer laissant une longue queue à coudre.
4. Cousez le bec en place.

33. Bitsy la Coccinelle

Bitsy est un jouet lumineux et accrocheur que vous pouvez crocheter facilement.

Bitsy est ici utilisée comme pelote à épingles. Vous pouvez choisir de jouer avec elle ou de l'utiliser comme porte-clés. Les idées sont donc infinies. Fabriquez-en plusieurs et offrez-les aussi à vos proches.

Ce dont vous avez besoin :

- Laine peignée en rouge et noir
- Crochet de 4 mm
- Une paire d'œillets de sécurité de 3 mm
- Antennes filaires
- Farce
- Aiguille à broder à coudre

Corps :

Moitié Supérieure :

1. Utilisez du fil rouge
2. C1 : 6 ms en Cm (6)
3. C2 : ms aug dans chaque m (12)
4. C3 : (ms en 1 m, sc inc 1) * 6 (18)
5. C4 : (ms en 2 m, sc inc 1) *6 (24)
6. C5 : (ms en 3 m, ms aug 1) *6 (30)
7. C6 : (ms en 4 m, ms aug 1) *6 (36)
8. C7 : (ms dans 5 m, ms aug 1) *6 (42)
9. C8-16 : ms dans chaque m (42)
10. Fermer.

Moitié Inférieure :

1. Utilisez du fil noir.
2. C1 : 6 ms en Cm (6)
3. C2 : ms aug dans chaque m (12)
4. C3 : ms en 1 m, ms aug 1) * 6 (18)
5. C4 : (ms dans 2 m, ms aug 1) * 6 (24)
6. C5 : (ms en 3 m, ms aug 1) * 6 (30)
7. C6 : (ms en 4 m, ms aug 1) * 6 (36)
8. C7 : (ms en 5 m, ms aug 1) * 6 (42)
9. C8 : ms dans chaque m (42)
10. Fermer.
11. Cousez la moitié supérieure et la moitié inférieure du corps ensemble.
12. Des trucs au fur et à mesure.

Tête :

1. Utilisez du fil noir
2. C1 : 6 ms en Cm (6)
3. C2 : ms aug dans chaque m (12)
4. C3 : (ms en 1 m, ms aug 1) * 6 (18)
5. C4 : (ms en 2 m, ms aug 1) * 6 (24)
6. C5-8 : ms dans chaque m (24)
7. C9 : (ms en 2 m, ms dim 1) *6 (18)
8. Bourrez la tête.
9. Serrez en laissant une longue queue à coudre.
10. Attachez la tête au corps.
11. En utilisant du fil rouge, cousez une bouche à la tête.
12. À l'aide de fil noir, cousez un point droit au centre du corps.
13. Fixez les antennes métalliques à la tête.

Jambes (Faire 6):

1. Utilisez du fil noir
2. C1 : 4 ms dans Cm (4)
3. C2-4 : ms dans chaque m (4)
4. Serrez en laissant une longue queue à coudre.
5. Attachez les jambes au corps.
6. Points (Faire 6) :
7. Utilisez du fil noir
8. C1 : 6 ms en Cm (6)
9. C2 : ms aug dans chaque m (12)

10. Serrez en laissant une longue queue à coudre.
11. Fermer les points autour du corps et cousez-les en place.

34. Abbie l'Abeille

Abbie l'abeille est un autre ami bourdonnant que vous pouvez crocheter. Elle attend juste de butiner dans votre jardin. Alors, crochetez ce modèle rapide et amusez-vous. Vous pouvez réaliser rapidement de nombreuses petites abeilles en un rien de temps. Alors, égayez votre jardin avec ces adorables abeilles, ou mieux encore, offrez-les en cadeau à vos amis.

Ce dont vous avez besoin :

- Fil peigné jaune et noir
- Fils blancs, noirs et jaunes
- Crochet de 2 mm de diamètre
- Comprend une paire d'œillets de sécurité de 3 mm
- Farce
- Aiguille à broder à coudre

Corps :

1. Utilisez du fil jaune
2. C1 : 6 ms en Cm (6)
3. C2 : ms aug dans chaque m (12)
4. C3 : (ms en 1 m, ms aug 1) * 6 (18)
5. C4 : (ms en 2 m, ms aug 1) *6 (24)
6. C5 : (ms en 3 m, ms aug 1) *6 (30)
7. C6 : (ms en 4 m, ms aug 1) *6 (36)
8. C7 : (ms en 5 m, ms aug 1) *6 (42)
9. C8-10 : ms dans chaque m (42)
10. Fil noir CC
11. C11-13 : ms dans chaque m (42)
12. Fil jaune CC
13. C14-17 : ms dans chaque m (42)
14. Fil noir CC
15. C18–20 : ms dans chaque m (42)
16. Fil jaune CC
17. C21–22 : ms dans chaque m (42)
18. C23 : (ms en 5 m, ms dim 1) *6 (36)
19. C24 : (ms en 4 m, ms dim 1) *6 (30)
20. C25 : (ms en 3 m, ms dim 1) *6 (24)
21. C26 : (ms en 2 m, ms dim 1) *6 (18)
22. Bourrer le corps.
23. C27 : (ms en 1 m, ms dim 1) *6 (12)
24. C28 : dim dans chaque m (6)
25. Attachez et tissez aux extrémités.
26. Fixez les yeux de sécurité à l'avant du corps.

Antennes (Marque 2) :

1. À l'aide de fil noir, enfilez et attachez.
2. Attachez ceci au sommet de la tête.

Queue :

1. Utilisez du fil noir.
2. C1 : 4 ms dans Cm (4)
3. C2-7 : ms dans chaque m (4)
4. C8 : (ms en 1 m, ms aug) *2 (6)
5. Serrez en laissant une longue queue à coudre.
6. Attachez la queue au corps.

Jambes (Faire 6) :

1. Utilisez du fil noir
2. C1 : 4 ms dans Cm (4)
3. C2-4 : ms dans chaque m (4)
4. Serrez en laissant une longue queue à coudre.
5. Attachez les jambes au corps.

Ailes (Faire 2) :

1. Utilisez du fil blanc
2. C1 : 6 ms en Cm (6)
3. C2 : ms aug dans chaque m (12)
4. C3 : (ms en 1 m, ms aug 1) * 6 (18)
5. C4 : mc en 9 m, (ms en 2 m, ms aug 1) *3 (21)

6. Attachez en laissant une longue queue à coudre.
7. Fixez les ailes au sommet du corps.

35. Bertie la chauve-souris

Berty la chauve-souris peut sembler effrayante, mais elle est en réalité très mignonne. C'est un modèle assez simple à réaliser. Vous pouvez créer des Berty de différentes couleurs pour obtenir une gamme de jouets. Il est également possible de modifier la taille du crochet pour obtenir le même motif dans différentes tailles.

Ce dont vous avez besoin :

- Fil peigné dans la couleur de votre choix
- Fils blancs et noirs mélangés
- Feutre blanc brillant
- Crochet de 3 mm de diamètre
- Comprend une paire d'œillets de sécurité de 8 mm
- Farce
- Aiguille à broder à coudre

Corps :

1. Utilisez la couleur de fil de votre choix
2. C1 : 6 ms en Cm (6)
3. C2 : ms aug dans chaque m (12)
4. C3 : (ms en 1 m, ms aug 1) * 6 (18)
5. C4 : (ms en 2 m, ms aug 1) * 6 (24)
6. C5 : (ms en 3 m, ms aug 1) * 6 (30)
7. C6 : (ms en 4 m, ms aug 1) * 6 (36)
8. C7 : (ms en 5 m, ms aug 1) * 6 (42)
9. C8-13 : ms dans chaque m (42)
10. C14 : (ms en 5 m, ms dim 1) *6 (36)
11. C15 : (ms en 4 m, ms dim 1) *6 (30)
12. Vous pouvez maintenant attacher les yeux entre C12 et C13 avec 6 m entre les deux.

En utilisant du fil noir, cousez une bouche sur C14.

13. C16 : (ms en 3 m, ms dim 1) *6 (24)
14. C17 : (ms en 2 m, ms dim 1) *6 (18)
15. Bourrer le corps.
16. C18 : (ms en 1 m, ms dim 1) *6 (12)

17. C19 : dim dans chaque m (6)
18. Fermer et tissez aux extrémités.

Oreilles (Faire 2) :

1. C1 : 5 ms en Cm (5)
2. C2 : ms aug 1, (ms en 2 m, ms aug 1) * 2 (8)
3. C3 : (ms en 1 m, ms aug 1) * 4 (12)
4. C4 : (ms en 2 m, ms aug 1) * 4 (16)
5. C5 : (ms en 3 m, ms aug 1) * 4 (20)
6. C6 : (ms en 3 m, ms dim 1) *4 (16)
7. C7 : (ms en 2 m, ms dim 1) *4 (12)
8. Serrez en laissant une longue queue à coudre.
9. Cousez les oreilles au sommet du corps.

Ailes (Faire 2) :

1. C1: ch 12, tourner

2. C2 : (mc, ms en 4 m, ms dim, mc) * 4, ch 1, tourner
3. C3 : ms aug, ms aug, ms en 8 m, ch1, tour
4. C4 : ms en 3 m, ms dim, ms en 5 m, ch1, tour
5. C5 : ms en 3 m, ms dim, ms en 4 m, ch1, tour
6. C6 : mc en 5 m, ch2, mc
7. Attachez en laissant une longue queue à coudre.
8. Fixez les ailes entre C10 et C14.
9. Vous pouvez découper de minuscules dents dans le feutre blanc et les coller sur la bouche.

9 Les grands amours

36. Monsieur PanPan

M. PanPan mesure 22 pouces de long.

M. PanPan mesure 56 centimètres de long.

Vous pouvez le réaliser en utilisant une seule couleur ou plusieurs couleurs différentes.

Les lapins, comme M. PanPan, sont l'un des animaux les plus populaires à crocheter pour les amateurs d'amigurumi. Leur visage mignon, leurs longues oreilles et leur queue douce font craquer tout le monde!

Ce dont vous avez besoin :

- Crochet de 6 mm de diamètre
- Tissu de flanelle de coton doux dans une couleur de votre Choix
- Comprend deux œillets de sécurité de 15 mm
- Une grande machine à pompons (9 cm de diamètre)
- Laine de tapisserie de couleur unie (couleur de votre choix)
- Ruban rouge pour le nœud papillon
- Farce
- Marqueurs de point de broderie
- Fil à coudre en nylon
- Aiguilles à coudre et une tapisserie

Tête :

1. C1 : 6 ms en Cm (6)
2. C2 : aug *6 (12)
3. C3 : (aug, ms dans la prochain m) *6 (18)
4. C4 : (aug, ms dans la prochain 2m) *6 (24)
5. C5 : (aug, ms dans la prochain 3m) *6 (30)
6. C6 : (aug, ms dans la prochain 4m) *6 (36)
7. C7 : (aug, ms dans la prochain 5m) *6 (42)
8. C8 : (aug, ms dans la prochain 6m) *6 (48)
9. C9 : (aug, ms dans la prochain 7m) *6 (54)
10. C10 : (aug, ms dans la prochain 8m) *6 (60)
11. C11 – 18 (8 tours) : ms dans chaque m autour (60)
12. C19 : (dim, ms dans la prochain 8m) *6 (54)
13. C20 : (dim, ms dans la prochain 7m) *6 (48)
14. C21 : (dim, ms dans la prochain 6m) *6 (42)
15. Placez les œillets de sécurité entre les cercles 16 et 17 environ. 16 m d'intervalle.
16. Commencez à pousser la tête et continuez au fur et à mesure.
17. C22 : (dim, ms dans la prochain 5m) *6 (36)
18. C23 : (dim, ms dans la prochain 4m) *6 (30)
19. C24 : (dim, ms dans la prochain 3m) *6 (24)
20. Attachez et tissez aux extrémités.
21. Utilisez du fil rose pour coudre le nez entre les cercles 15 et 17 en faisant de longue maille pour créer un triangle rose.
22. Utilisez du fil noir pour coudre la bouche sous le nez entre les cercles 18 et 20.

Oreilles (Faire 2) :

1. C1 : commencez 6 sc dans MR (6)
2. C2 : (aug, ms dans la prochain 2m) *2 (8)
3. C3 : (aug, ms dans la prochain 3m) *2 (10)

4. C4 : (aug, ms dans la prochain 4m) *2 (12)
5. C5 : (aug, ms dans la prochain 5m) *2 [14]
6. C6 : (aug, sc dans le prochain 6m) *2 [16]
7. C7-21 (15 cercles) : ms dans chaque m autour (16)
8. C22 : dim, ms dans les prochaines 14m (15)
9. C23 : ms dans chaque m autour (15)
10. C24 : dim, ms dans les prochains 13m (14)
11. C25 : ms dans chaque m autour (14)
12. C26 : dim, ms dans les prochaines 12m (13)
13. C27 : ms dans chaque m autour (13)
14. C28 : dim, ms dans les prochaines 11m (12)
15. C29 : ms dans chaque m autour (12)
16. C30 : dim, ms dans les prochaines 10m (11)
17. C31 : ms dans chaque m autour (11)
18. C32 : dim, ms dans les prochains 9m (10)
19. C33 : ms dans chaque m autour (10)
20. Ne poussez pas.
21. Serrez en laissant une longue queue pour coudre les oreilles entre les cercles 6 et 8 de la tête.

Corps :

1. C1 : 6 ms dans Cm (6)
2. C2 : aug *6 (12)
3. C3 : (aug, ms dans la prochain m) *6 (18)
4. C4 : (aug, ms dans la prochain 2m) *6 (24)
5. C5 : (aug, ms dans la prochain 3m) *6 (30)
6. C6 : (aug, ms dans la prochain 4m) *6 (36)
7. C7 : (aug, ms dans la prochaines 5m) *6 (42)
8. C8 : (aug, ms dans la prochaine 6m) *6 (48)
9. C9-13 : ms dans chaque m autour (48)
10. C14 : (dim, ms dans la prochain 6m) *6 (42)
11. C15-17 : ms dans chaque m autour (42)
12. C18 : (dim, ms dans la prochain 5m) *6 (36)
13. C19–21 : ms dans chaque m autour (36)
14. C22 : (dim, ms dans la prochain 4m) *6 (30)
15. C23–25 : ms dans chaque m autour (30)
16. C26 : (dim, ms dans la prochain 3m) *6 (24)
17. Bourrer le corps.
18. Serrez en laissant une longue queue pour coudre le corps à la tête

Bras (Faire 2) :

1. C1 : 6 ms dans Cm (6)
2. C2 : aug *6 (12)
3. C3-9 : ms dans chaque m autour (12)
4. C10 : dim, ms dans les prochaines 10m (11)
5. C11–12 : ms dans chaque m autour (11)
6. C13 : dim, sc dans les prochains 9m (10)
7. C14-19 : ms dans chaque m autour (10)
8. Farcir légèrement.
9. Attache. Séparer une longue queue pour coudre les bras à la partie du tronc.

Jambes (Faire 2) :

1. C1 : 6 ms dans Cm (6)
2. C2 : aug *6 (12)
3. C3 : (aug, ms dans la prochain m) *6 (18)
4. C4 : (aug, ms dans les prochaines 2m) *6 (24)
5. C5-9 : ms dans chaque m autour (24)
6. C10 : (dim, ms dans les prochaines 6m) *3 (21)
7. C11 : ms dans chaque m autour (21)
8. C12 : (dim, ms dans les prochaines 5m) *3 (18)
9. C13–15 : sc dans chaque m autour (18)

10. C16 : (dim, sc dans les prochaines 4m) *3 (15)
11. C17–19 : ms dans chaque m autour (15)
12. C20 : (dim, ms dans les prochaines 3m) *3 fois (12)
13. C21–23 : ms dans chaque m autour (12)
14. C24 : (dim, ms dans les prochaines 2m) *3 fois (9)
15. C25–27 : ms dans chaque m autour (9)
16. Farcir légèrement.
17. Fermer, séparer une longue queue pour coudre les jambes au corps.

Queue :

1. À l'aide d'une machine à pompons, fabriquez un pompon de 3,5 pouces de diamètre.
2. Pour enfiler le pompon autour du centre, coupez une longue queue de fil. Cousez le pompon à l'arrière du corps en utilisant la même queue.
3. Pour ajouter un nœud papillon, il suffit d'en faire un avec un ruban rouge ou toute autre couleur de votre choix.

37. Monsieur Pick le Coq

M. Pick n'est-il pas adorable et amusant ?

Bien que cela puisse sembler être un modèle complexe, si vous suivez attentivement les instructions, vous pourrez créer ce personnage spécial avec facilité. Vous pouvez également créer un autre coq et lui donner le nom de votre choix!

Ce dont vous avez besoin :

- Fil peigné de couleurs (jaune, orange, rouge, marron et blanc)
- Avec crochet de 1,5 mm
- Farce
- Fil métallique épais d'un diamètre de 0,9 à 1,0 mm
- Ruban adhésif transparent
- A paire d'œillets de sécurité de 10 mm,
- A paire de cils artificiels

Tête :

1. Utilisez de l'orange.
2. C1 : 6 ms en Cm
3. C2 : 6 aug (12)
4. C3 : (1 ms, aug) *6 (18)
5. C4 : (2 ms, aug) *6 (24)
6. C5 : (3 ms, aug) *6 (30)
7. C6 : (4 ms, aug) *6 (36)
8. C7–12 : 36 ms
9. C13 : 6 ms, 6 aug, 12 ms, 6 aug, 6 ms (48)
10. C14 : 6 ms, (1 ms, aug) *6, 12 ms, (aug, 1 ms) *6, 6 ms (60)
11. C15–20 : 60 ms
12. C21 : 60 ms, 1 ms pour le début.
13. C22 : 6 ms, (1 ms, dim) *6, 12 ms, (dim, 1m) *6, 6 m (48)
14. C23 : 6 ms, 6 dim, 12 m, 6 dim, 6 m (36)
15. C24 : (4 ms, dim) *6 fois (30)
16. C25 : (3 ms, dim) *6 fois (24)
17. C26 : (2 ms, dim) *6 fois (18)
18. C27 : 18 ms
19. Farce bien.

20. Fermer et tissez aux extrémités.

Bec :

Supérieur :
1. Utilisez du jaune.
2. C1 : 3 ms en Cm
3. C2 : 3 aug (6)
4. C3 : (1 ms, aug) *3 (9)
5. C4 : 9 ms
6. C5 : (2 ms, aug) *3 (12)
7. C6 : 12 ms
8. C7 : (3 ms, aug) *3 (15)
9. C8 : (4 ms, aug) *3 (18)
10. C9 : (2 ms, aug) *6 (24)
11. C10 : (3 ms, aug) *6 (30)
12. C11 : (4 ms, aug) *6 (36)
13. C12 : (5 ms, aug) *6 (42)
14. C13 : (6 ms, aug) *6 (48)
15. C14–16 : 48 m.
16. Terminez et coupez le fil.

Inférieur :
1. Utilisez du jaune.
2. C1 : 3 ms en Cm
3. C2 : 3 aug *6
4. C3 : (1 ms, aug) *3 (9)
5. C4 : 9 ms
6. C5 : (2 ms, aug) *3 (12)
7. C6 : 12 ms
8. C7 : (3 ms, aug) *3 (15)
9. C8 : (4 ms, aug) *3 (18)
10. C9 : (2 ms, aug) *6 (24)
11. C10 : (3 ms, aug) *6 (30)
12. C11 : (4 ms, aug) *6 (36)
13. C12 : (5 ms, aug) *6 (42)
14. C13 : (6 ms, aug) *6 (48)
15. C14-16 : 48 ms.
16. Terminez, coupez le fil.

Jambes : Utilisez du marron.

Gros orteil (Faire 2) :
1. C1 : 6 sc en MR
2. C2 : 6 aug (12)
3. C3-4 : 12 ms
4. C5 : (1 ms, dim) *4 (8)
5. C6 : (2 ms, dim) * 2 (6)
6. C7-12 : 6 ms
7. Terminez en coupant le fil et en farcissant les orteils.

Orteil (Faire 2) :
1. C1 : 6 ms en Cm
2. C2 : 6 aug (12)
3. C3-4 : 12 ms
4. C5 : (1 ms, dim) *4 (8)
5. C6 : (2 ms, dim) *2 (6)
6. C7–11 : 6 ms
7. Pour le dernier orteil : Ne coupez pas le fil, poussez l'orteil. Ramassez les orteils dans un pied.

Pied :
1. 1.C1: 3 ms sur le 1er orteil, 3ms sur le gros orteil, 6 ms sur le 2ème orteil, 3 ms sur le gros orteil,3 ms sur le 1m orteil 18 ms
2. C2-3 : 18 ms
3. C4 : (1 ms, dim) *6 (12)
4. C5 : 2 ms, 3 ch, sauter 3 ms, 7 ms (12)
5. C6 : 2 ms, 3 ms en ch, 7 ms (12)
6. C7 : 6 dim (6)
7. C8-9 : 6 ms
8. C10 : (1 ms, aug) *3 (9)
9. C11 : 9 ms
10. C12 : (1 ms, dim) *3 (6)
11. Terminez en coupant le fil et en fermant le trou à l'aide d'une aiguille.

Jambe :
1. 8 cm autour du trou au centre du pied.
2. C1-7 : 8 ms
3. C8 : (2 ms, dim) *2 (6)
4. C9-14 : 6 ms.
5. Utilisez de l'orange.
6. C15 : 6 aug (12)
7. C16 : 12 ms
8. C17 : (1 ms, aug) *6 (18)
9. C18–19 : 18 ms
10. C20 : (2 ms, aug) *6 (24)
11. C21 : 24 ms
12. Serrez et laissez une longue queue pour coudre d'autres parties

Ailes : Utilisez de l'orange

La première plume (Faire 2) :
1. C1 : 6 ms en Cm

2. C2 : 6 aug (12)
3. C3-5 : 12 ms
4. C6 : (1 ms, dim) *4 (8)
5. C7-10 : 8 ms
1. La deuxième plume (Faire 2):
1. C1 : 6 ms en Cm
2. C2 : 6 aug (12)
3. C3-5 : 12 ms
4. C6 : (1 ms, dim) *4 (8)
5. C7-12 : 8 ms

La troisième plume (Faire 2) :

1. C1 : 6 ms en Cm
2. C2 : 6 ms (12)
3. C3-5 : 12 ms
4. C6 (1 ms, dim) *4 (8)
5. C7-14 : 8 ms
1. La quatrième plume (Faire 2) :
1. C1 : 6 ms en Cm
2. C2 : 6 aug (12)
3. C3-5 : 12 ms
4. C6 : (1 ms, dim) *4 (8)
5. C7–16 : 8 ms
6. Gardez le fil et n'arrêtez pas les plumes.
7. Fixez les plumes sans remplacer votre marqueur de rang.
8. C17 : 4 ms le long de la quatrième plume, 8 ms le long de la troisième, 4 le long de la quatrième, 16 ms
9. C18 : 16 ms
10. C19 : 8 ms, appliquer la deuxième plume, faire 8 ms le long de la deuxième plume, 8 ms (24)
11. C20 : 24 ms
12. C21 : 12 ms, 8 ms le long de la première plume, 12 ms (32)
13. C22 : 32 ms
14. C23 : 8 ms, dim, 12 ms, dim, 8 ms (30)
15. C24 : 7 ms, dim, 12 ms, dim, 7 ms (28)
16. C25 : 6 ms, dim, 12 ms, dim, 6 ms (26)
17. C26 : 5 ms, dim, 12 ms, dim, 5 ms (24)
18. C27 : 4 ms, dim, 12 ms, dim, 4 ms (22)
19. C28 : 3 ms, dim, 12 ms, dim, 3 ms (20)
20. C29 : 2 ms, dim, 12 ms, dim, 2 ms (18)
21. C30 : 1 ms, dim, 12 ms, dim, 1 ms (16)
22. C31 : dim, 12, dim (14)
23. C32 : dim, 10, dim (12)
24. C33–36 : 12 ms
25. Fermer, laissez une longue queue pour coudre d'autres parties.
26. Installez un fil dans la plume la plus longue.

Corps :

1. C1 : 6 ms
2. C2 : 6 aug (12)
3. C3 : (1 ms, aug) *6 (18)
4. C4 : (2 ms, aug) *6 (24)
5. C5 : (3 ms, aug) *6 (30)
6. C6 : (4 ms, aug) * 6 (36)
7. C7 : (5 ms, aug) *6 (42)
8. C8 : (6 ms, aug) *6 (48)
9. C9 : (7 ms, aug) *6 (54)
10. C10 : 1 ch, sauter 1 m, 7ms, aug, 8ms, aug, 3ms, 1ch, sauter 1 m, 4 ms, aug, (8 ms, aug) *3 (60)
11. C11 : (9 ms, aug) *6 (66)
12. Faites 1 ms dans les chaînes du tour précédent.
13. C12 : (10 ms, aug) *6 (72)
14. C13 : (11 ms, aug) *6 (78)
15. C14-22 : 78 ms
16. C23 : 3 ms, (2 ms, dim) * 6, 51 ms (72)
17. C24 : 3 ms, (1 ms, dim) *6, 51 ms (66) - c'est là que va la queue.
18. C25-27 : 66 ms.
19. Installez les wireframes de jambe, tournez et séparez.
20. C28 : (9 ms, dim) *6 (60)
21. C29 : (8 ms, dim) *6 (54)
22. C30 : (7 ms, dim) * 6 (48)
23. C31 : (6 ms, dim) *6 (42)
24. C32 : (5 ms, dim) * 6 (36)
25. C33 : (4 ms, dim) *6 (30)
26. Installez les cadres d'aile au C27.
1. Attachez-le à la colonne vertébrale
27. C34 : (3 ms, dim) *6 (24)
28. C35 : 24 ms
29. C36 : (2 ms, dim) *6 (18)
30. C37-39 : 18 ms

31. C40 : (1 ms, dim) *6 (12)
32. C41–51 : 12 ms
33. C52 : (1 ms, aug) *6 (18)
34. Coudre les ailes.
35. Installez le cadre de la colonne vertébrale dans la tête.
36. Coudre la tête.
37. Cousez les jambes au corps.
38. Plumes de la queue (Faire 3)
39. C1 : 6 ms en Cm
40. C2 : 6 aug (12)
41. C3 : (2 ms, aug) *4 (16)
42. C4-6 : 16 ms
43. C7 : (2 ms, dim) *4 (12)
44. C8-10 : 12 ms
45. C11 : (dim, 4 ms) *2 (10)
46. C12–14 : 10 ms
47. C15 : (dim, 3 ms) *2 (8)
48. C16-18 : 8 ms
49. C19 : (dim, 2 ms) * 2 (6)
50. C20–22 : 6 ms
51. Reliez toutes les plumes à l'aide de fil orange.
52. C1 : 3 ms le long de la première plume, 3 ms le long de la seconde, 6 ms le long de la troisième, 3 ms le long de la seconde, 3 ms le long de la première, 18 ms
53. C2 : 18 ms
54. C3 : (1 ms, dim) *6 (12)
55. C4 : (1 ms, aug) *6 (18)
56. C5 : (2 ms, aug) * 6 (24)
57. C6 : 24 ms
58. Terminez et laissez une longue queue.

Peigne à Queue :

Première partie :

1. C1 : 6 ms en Cm
2. C2 : 6 aug (12)
3. C3 : (1 ms, aug) *6 (18)
4. C4-6 : 18 ms
5. C7 : (1 ms, dim) *6 (12)
6. C8–10 : 12 ms
7. C11 : (dim, 4 ms) * 2 (10)
8. C12-15 : 10 ms
9. C16 : (dim, 3 ms) * 2 (8)
10. C17–19 : 8 ms

Deuxième partie :

1. C1 : 6 ms en Cm
2. C2 : 6 aug (12)
3. C3 : (1 ms, aug) *6 (18)
4. C4-6 : 18 ms
5. C7 : (1 ms, dim) * 6 (12)
6. C8–10 : 12 ms
7. C11 : (dim 4 ms) * 2 (10
8. C12-15 : 10 ms
9. C16 : (dim, 3 ms) *2 (8)
10. C17 : 8 ms

Troisième partie :

1. C1 : 6 ms en Cm
2. C2 : 6 aug (12)
3. C3 : (2 ms, aug) * 4 (16)
4. C4-6 : 16 ms
5. C7 : (2 ms, dim) *4 (12)
6. C8-9 : 12 ms
7. C10 : (dim, 4 ms) * 2 (10)
8. C11–13 : 10 ms
9. C14 : (dim, 3 ms) * 2 (8)
10. Connectez toutes les pièces.
11. C15 : 4 ms pour la petite partie, 4 ms pour la partie médiane, 8 ms pour la grande partie, 4 ms pour la partie médiane, 4 ms pour la petite partie (24)
12. C16 : 24 ms
13. Attachez-le à la tête.

Barbe (Faire 2):

1. C1 : 6 ms en Cm
2. C2 : 6 aug (12)
3. C3 : (1 ms, aug) *6 (18)
4. C4-5 : 18 ms
5. C6 : (1 ms, aug) *6 (12)
6. C7-9 : 12 ms
7. C10 : 6 dim (6)
8. C11–12 : 6 ms
9. Connectez les deux perles en utilisant 3 ms.
10. Rejoignez le bec.

Yeux (Faire 2) :

1. Utilisez du blanc.
2. C1 : 6 ms en Cm (6)
3. C2 : aug *6 (12)
4. C3 : (1 ms, aug) *6 (18)
5. C4 : 18 ms (18)
6. C5 : (1 ms, dim) *6 (12)

7. Farcir légèrement.
8. Installez les yeux entre le C2-3.
9. C6 : dim *6 (6)
10. Joignez-vous à la tête.
11. Ajoutez des cils

38.Jean le Jardinier

Clarence est réalisé avec un crochet n°2 et du fil approprié, en adaptant la taille du crochetvous pouvez faire varier les dimensions de votre travail. Laissez votre imagination vagabonder et réalisez le en différentes couleurs

Dimensions: 31 cm

Fourniture :

- Crochet n°2 ou n° approprié à la taille du fil
- Fil 100% coton dans les coloris suivants
- Gris foncé
- Gris clair
- Vert Clair chiné
- Vert kaki
- Jaune
- Un ruban
- De la ouate de rembourrage
- Une aiguille

Points employés:

Maille chainette, maille coulée et maille serrée

Abréviations:

ms: maille serrée

mc : maille coulée

ml: maille chainette, maille en l'air

aug : augmentation :

2 mailles serrées crochetées dans la même maille

dim : diminution : 2 mailles serrées fermées ensembles

T: Tour : Travailler en rond en fermant les tours par une maille coulée

R: Rang : Travailler en rang en commençant par une maille en l'air à chaque début de rangpour tourner

Le nombre entre parenthèse indique le nombre de maille à la fin du rang

Réalisation :

Le corps :

Avec le colori gris foncé

T1: 6 ms dans un anneau magiqueT2 : 1 aug. dans chaque maille (12)

T3: *1 ms, 1 aug. dans la maille suivante*, répéter ** sur tout le tour (18)

T4: *2 ms, 1 aug. dans la maille suivante*, répéter ** sur tout le tour (24)

T5: *3 ms, 1 aug. dans la maille suivante*, répéter ** sur tout le tour (30)

T6: *4 ms, 1 aug. dans la maille suivante*, répéter ** sur tout le tour (36)

T7: *5 ms, 1 aug. dans la maille suivante*, répéter ** sur tout le tour (42)

T8: *6 ms, 1 aug. dans la maille suivante*, répéter ** sur tout le tour (48)

T9: *7 ms, 1 aug. dans la maille suivante*, répéter ** sur tout le tour (54)

T10: *8 ms, 1 aug. dans la maille suivante*, répéter ** sur tout le tour (60)T11 à 18 : 60 ms (60)

T19: *8 ms, 1 dim. dans la maille suivante*, répéter ** sur tout le tour (54)T20 à 21 : 54 ms (54)

T22: *7 ms, 1 dim. dans la maille suivante*, répéter ** sur tout le tour (48)T23 à 24 : 48 ms (48)

T25: *6 ms, 1 dim. dans la maille suivante*, répéter ** sur tout le tour (42)T26 à 27 : 42 ms (42)

T28: *5 ms, 1 dim. dans la maille suivante*, répéter ** sur tout le tour (36)T29 : 36 ms (36)

T30: *4 ms, 1 dim. dans la maille suivante*, répéter ** sur tout le tour (30)T31 : 30 ms (30)

T32: *3 ms, 1 dim. dans la maille suivante*, répéter ** sur tout le tour (24)T33 : 24 ms (24)

T34: *2 ms, 1 dim. dans la maille suivante*, répéter ** sur tout le tour (18)T35 à 37 : 18 ms (18)

Bourrer avec de la ouatine

T38: 1 dim. dans chaque maille : 9 ms (9). Fermer

La tête

Avec le colori gris foncé

T1: 6 ms dans un anneau magique T2 : 1 aug. dans chaque maille (12)

T3: *1 ms, 1 aug. dans la maille suivante*, répéter ** sur tout le tour (18)

T4: *2 ms, 1 aug. dans la maille suivante*, répéter ** sur tout le tour (24)

T5: *3 ms, 1 aug. dans la maille suivante*, répéter ** sur tout le tour (30)

T6: *4 ms, 1 aug. dans la maille suivante*, répéter ** sur tout le tour (36)

T7: *5 ms, 1 aug. dans la maille suivante*, répéter ** sur tout le tour (42)

T8: *6 ms, 1 aug. dans la maille suivante*, répéter ** sur tout le tour (48)

T9: *7 ms, 1 aug. dans la maille suivante*, répéter ** sur tout le tour (54)

T10: *8 ms, 1 aug. dans la maille suivante*, répéter ** sur tout le tour (60)

T11: *9 ms, 1 aug. dans la maille suivante*, répéter ** sur tout le tour (66)

T12 à 17: 66 ms (66)

T18: *9 ms, 1 dim. dans la maille suivante*, répéter ** sur tout le tour (60)

T19: *8 ms, 1 dim. dans la maille suivante*, répéter ** sur tout le tour (54)

T20: 54 ms (54)

T21: *7 ms, 1 dim. dans la maille suivante*, répéter ** sur tout le tour (48)

T22: *6 ms, 1 dim. dans la maille suivante*, répéter ** sur tout le tour (42)

T23: 42 ms (42)

T24: *1 ms, 1 dim. dans la maille suivante*, répéter ** sur tout le tour (28)

T25: *5 ms, 1 dim. dans la maille suivante*, répéter ** sur tout le tour (24)Avec le fil gris clair

T26 à 31: 24 ms (24)

T32: *5 ms, 1 aug. dans la maille suivante*, répéter ** sur tout le tour (28)

T33: 28 ms (28)

Bourrer avec de la ouatine

T34: 1 dim. dans chaque maille : 14 ms(14)

T35: 1 dim. dans chaque maille : 7 ms (7). Fermer

Les Oreilles

Réaliser deux morceaux en gris foncé et deux morceaux en gris clair .

Travailler en rang

R1 : Sur une chainettes de 4 ml faire 4 ms

R2 : 1 ml pour tourner, 1 aug., 2ms, 1 aug. (6)

R3 : 1 ml pour tourner, 1 aug., 4ms, 1 aug. (8)

R4 : 1 ml pour tourner, 1 aug., 6ms, 1 aug. (10)

R5 à 15 : 1 ml pour tourner, 10ms (10).

R16 : 1 ml pour tourner, 1 dim., 6ms,1 dim.(8)

R17 : 1 ml pour tourner, 8 ms (8)

R18 : 1 ml pour tourner, 1 dim., 4ms, 1 dim. (6)

R19 : 1 ml pour tourner, 6 ms (6)

R20 : 1 ml pour tourner, 1 dim., 2ms, 1 dim.(4)

R21 : 1 ml pour tourner, 4 ms (4)

R22 : 1 ml pour tourner, 2 dil. (2)Arrêter le travail

Border l'oreille par un rang de ms

Assembler un morceau gris foncé (extérieure) et un morceau gris clair (intérieure) par un tour de maille serrée.

Les Bras (x2)

Avec le fil noir

T1 : 6 ms dans un anneau magique

T2 : 1 aug. dans chaque maille (12)

T3 : 1 aug. dans chaque maille (24)

T4 : 24 ms (24)

T5 : 1 dim., 20 ms, 1 dim. (22)

T6 : 22 ms (22)

T7 : 10 ms, 1 dim., 10 ms (21)

T8 : 21 ms (21)

T9 : 1 dim., 17 ms, 1 dim. (19)

T10 : 19 ms (19)

T11 : 8 ms, 1 dim., 9 ms (18)

T12 : 1 dim., 14 ms, 1 dim. (16)

T13 : 16 ms (16)

T14 : 7 ms, 1 dim., 7 ms (15)

T15 à 16 : 15 ms (15)

T17 : 6 ms, 1 dim., 7ms (14)

T18 : 14 ms (14)

Avec le fil gris foncéT19 à 38 : 14 ms (14)

Continuer en rang

R39 : 1 dim., 10 ms, 1 dim. (12)

R40 : 12 ms (12)

R41 : 1 dim., 8 ms, 1 dim. (10)

R42 : 10 ms (10)

R43 : 1 dim., 6 ms, 1 dim. (8)

R44 : 8 ms (8)

R45 : 1 dim., 4 ms, 1 dim. (6)

R46 : 6 ms (6)

R47 : 1 dim., 2 ms, 1 dim. (4)

R48 : 4 ms (4)

R49 : 2 dim. (2)

Arrêter le travail et bourrer avec de la ouatine

Les Jambes (x2)

Avec le fil vert kaki

T1 : 7 ms dans un anneau magique

T2 : 1 aug. dans chaque maille (14)

T3 : 1 aug. dans chaque maille (28)

T4 à 5 : 28 ms (28)

T6 : 1 dim., 24 ms, 1 dim. (26)

T7 : 26 ms (26)

T8 : 9 ms, 4 dim., 9 ms (22)

T9 : 9 ms, 2 dim., 9 ms (20)

T10 : 9 ms, 1 dim., 9 ms (19)

T11 : 1 dim., 15 ms, 1 dim. (17)

T12 à 18 : 17 ms (17)

Avec le fil vert clair T19 à 20 : 17 ms (17)

Avec le fil gris foncé

T21 à 42 : 17 ms

Arrêter le travail, bourrer les jambes avecde la ouatine

Coudre les différents éléments ensemble comme sur la photo (corps, bras, jambe, tête et oreilles), broder les yeux et le nez.

Commencer les vêtements.Salopette :

Avec le fil vert kaki, travailler en rang

R1 : Sur une chainette de 32 ml, 32ms (32)

R2 à 17 : 32ms (32)

R18 : 1 dim., 28 ms, 1 dim. (30)

R19 à 21 : 30 ms (30)

Ne pas couper le fil

Séparer le travail en deux pour réaliser les jambes

R1 : 15 ms

R2 : 1 dim. 13 ms (14)

R3 à 22 : 14 ms (14)

Avec le fil vert clair

R 23 à 24 : 14 ms (14)

Pour le deuxième côté commencer aucentre (sur la 16eme maille du R21)

R1 : 15 ms

R2 : 13 ms, 1 dim. (14)

R3 à 22 : 14 ms (14)

Avec le fil vert clair

R 23 à 24 : 14 ms (14)

Couper le fil

Faire un deuxième morceau identique

Bavette

Sur l'un des deux morceaux réaliser précédemment, travailler sur les 16 mailles du milieu du rang 1

R1 : A partir de la 9eme maille du rang 1de la salopette, 16 ms (16)

R2 à 12 : 16 ms (16)

R13 : 1 dim., 12 ms, 1 dim (14)

R14 : 1 dim., 10 ms, 1 dim (12)

R15 : 1 dim., 8 ms, 1 dim (10)Avec le fil vert clair

R16 : 10 ms (10)

Faire un rang de ms sur le tour de le bavette

Poche 1 :

Avec le fil vert clair

R1 sur une chainette de 5 ml ,5 ms (5)

R2 : 1 aug., 3 ms, 1 aug. (7)

R3 : 1 aug., 5 ms, 1 aug. (9)

R4 à 7 : 9 ms (9)

Poche pour le dos de la salopette et la jambe :

R1 sur une chainette de 7 ml ,7 ms (7)

R2 : 1 aug., 5 ms, 1 aug. (9)

R3 à 8 : 9 ms (9)

Bandoulière (x2)

Sur une chainette de 45 ml, faire deuxrangs de 45 ms

Assembler les deux parties de la salopetteet coudre les poches et les bandoulières

Chapeau de paille :

Avec le fil jaune :

T1 : 6 ms dans un anneau magique T2 : 1 aug. dans chaque maille (12)

T3 : *1 ms, 1 aug. dans la maille suivante*, répéter ** sur tout le tour (18)

T4 : *2 ms, 1 aug. dans la maille suivante*, répéter ** sur tout le tour (24)

T5 : *3 ms, 1 aug. dans la maille suivante*, répéter ** sur tout le tour (30)

T6 : *4 ms, 1 aug. dans la maille suivante*, répéter ** sur tout le tour (36)

T7 : *5 ms, 1 aug. dans la maille suivante*, répéter ** sur tout le tour (42)

T8 : *6 ms, 1 aug. dans la maille suivante*, répéter ** sur tout le tour (48)

T9 à 14 : 48 ms (48)

T15 : 1 aug. dans chaque maille (96)

T16 : 96 ms (96)

T17 : former les trous pour passer les oreilles 37 ms, 10 ml, 2 ms, 37 ms (96)

T18 : *2 ms, 1 aug. dans la maille suivante*, répéter ** sur tout le tour (128)

T19 à 20 : 128 ms (128)

T21 : *7 ms, 1 aug. dans la maille suivante*, répéter ** sur tout le tour (144)T22 à 23 : 144 ms (144)

Arrêtez le travail

Coudre le ruban au niveau des rangs 13 et14 du chapeau et faire une jolie cocarde.

39.Pierre la Licorne

Matériaux & outils:

- ✓ Crochet hook: 2.5-3mm (taille US C) Aiguille à coudre
- ✓ Fil blanc: env. 170m (186yds) Fil rose clair: env. 90m (98yds) Fil gris: env. 11m (12yds)
- ✓ Fil lilas: env. 27m (30yds)
- ✓ Fil vert clair: env. 27m (30yds) Fil rose foncé: env. 27m (30yds) Fil noir: env. 2m (2,2yds)
- ✓ Fil bleu: env. 1m (1,1yds) Remplissage
- ✓ Motif peut être faite avec le sport ou fil de poids peignée.

Note:

La taille de votre licorne peut varier en fonction de la taille de crochet et fil que vous utilisez.

Instructions:

- ✓ Je travaille dans des tours continus. Vous pouvez utiliser un marqueur pour marquer le début du tour.

- Le nombre (en couleur rouge) à la fin de chaque tour est le nombre des mailles que vous devriez avoir.
- Ne pas joindre premiers et derniers mailles en rond avec une maille coulée sauf indication contraire.

Quand un numéro est suivi de m, les mailles doivent être travaillées sur ce nombre de mailes.

Exemples:

- 5ms signifie 1ms dans chacune des 5 mailles;
- Dim 2 fois signifie diminuer 2 fois au cours des prochaines 4ms;
- Aug 5 fois signifie augmentation dans chacune des 5 prochaines points de suture.

Quand vous voyez entre parenthèses, travailler tout comme un ensemble.

Exemple:

- (5ms, dim) 2 fois, répétez la paranthèse 2 fois.
- Chaque étape est séparé par une virgule.
- Je recommande d'utiliser les diminutions invisibles.

Abbreviations :

- ml : maille chainette, maille en l'air
- ms : maille serrée
- br : bride
- demi-br : demi-bride
- m : maille(s)
- mc : maille coulée
- aug : augmentation (2ms en 1ère)
- br aug : bride augmentation (2br en 1ère)
- demi-br aug : demi-bride augmentation (2 demi-br en 1ère)
- dim : diminution (2ms ensemble)
- Pic : Image

Réalisation :

Fil blanc: 2 ml

Rang 1: 6ms dans la 2ème ml à partir du crochet; 6m

Rang 2: aug 6 fois; 12m

Rang 3: (1ms, aug) 6 fois; 18m

Rang 4: (2ms, aug) 6 fois; 24m

Rang 5: (3ms, aug) 6 fois; 30m

Rang 6: (4ms, aug) 6 fois; 36m

Rang 7: (5ms, aug) 6 fois; 42m

Rang 8: (6ms, aug) 6 fois; 48m

Rang 9: (7ms, aug) 6 fois; 54m

Rang 10-24: ms autour; 54m

Rang 25: (dim, 7ms) 6 fois; 48m

Rang 26: (dim, 6ms) 6 fois; 42m

Rang 27: (dim, 5ms) 6 fois; 36m

Rang 28: (dim, 4ms) 6 fois; 30m

Commencer à remplir la tête et continuer à remplir après quelques tours.

Rang 29: (dim, 3ms) 6 fois; 24m

Rang 30: (dim, 2ms) 6 fois; 18m

Rang 31: (dim, 1ms) 6 fois; 12m

Rang 32: dim 6 fois; 6m

Finir et fermer l'ouverture

Corps (faire 1) :

Fil blanc: 2 ml

Rang 1: 6ms dans la 2ème ml à partir du crochet;6m

Rang 2: aug 6 fois; 12m

Rang 3: (1ms, aug) 6 fois; 18m

Rang 4: (2ms, aug) 6 fois; 24m

Rang 5: (3ms, aug) 6 fois; 30m

Rang 6: (4ms, aug) 6 fois; 36m

Rang 7: (5ms, aug) 6 fois; 42m

Rang 8: (6ms, aug) 6 fois; 48m

Rang 9: (7ms, aug) 6 fois; 54m

Rang 10-11: ms autour; 54m

Rang 12: (dim, 7ms) 6 fois; 48m

Rang 13-15: ms autour; 48m

Rang 16: (dim, 6ms) 6 fois; 42m

Rang 17-18: ms autour; 42m

Rang 19: (dim, 5ms) 6 fois; 36m

Rang 20-25: ms autour; 36m

Rang 26: (dim, 4ms) 6 fois; 30m

Rang 27: ms autour; 30m

Rang 28: (dim, 3ms) 6 fois; 24m

Rang 29-30: ms autour; 24m

Finir et laisser un long fil pour coudre la tête au corps.

Remplir le corps.

Bras (faire 2) :

Fil rose clair: 2 ml

Rang 1: 6ms dans la 2ème ml à partir du crochet;6m

Rang 2: aug 6 fois; 12m

Rang 3: (1ms, aug) 6 fois; 18m

Rang 4: (2ms, aug) 6 fois; 24m

Rang 5: ms autour; 24m

Rang 6: (dim, 2ms) 6 fois; 18m

Rang 7: ms autour; 18m

Rang 8: (dim, 7ms) 2 fois; 16m

Rang 9: (dim, 2ms) 4 fois; 12m Fil blanc:

Rangs. 10-15: ms autour; 12m

Commencer à remplir légèrement le bras et continuer à remplir après quelques tours.

Rang 16: dim, 10ms; 11m Rang 17-26: ms autour; 11m Rang 27: dim, 9ms; 10m Rang 28-31: ms autour; 10m

Finir et laisser un long fil pour coudre le bras au corps

Jambe (faire 2) :

Fil rose clair: 2 ml

Rang 1: 6ms dans la 2ème ml à partir du crochet;6m

Rang 2: aug 6 fois; 12m

Rang 3: aug 12 fois; 24m

Rang 4: (3ms, aug) 6 fois; 30m

Rang 5: (4ms, aug) 6 fois; 36m Rang 6: ms autour; 36m

Rang 7: 12ms, dim 6 fois, 12ms; 30m

Rang 8: ms autour; 30m

Rang 9: (dim, 3ms) 6 fois; 24m

Rang 10: ms autour; 24m

Rang 11: 6ms, dim 6 fois, 6ms; 18m

Rang 12: ms autour; 18m

Rang 13: (dim, 7ms) 2 fois; 16m

Fil blanc:

Rang 14-20: ms autour; 16m

Commencer à remplir légèrement la jambe et continuer à remplir après quelques tours.

Rang 21: (dim, 6ms) 2 fois; 14m

Rang 22-27: ms autour; 14m

Rang 28: (dim, 5ms) 2 fois; 12m

Rang 29: ms autour; 12m

Finir et laisser un long fil pour coudre la jambe au corps.

Oreilles (faire 2) :

Fil blanc: 2 ml

Rang 1: 6ms dans la 2ème ml à partir du crochet;6m

Rang 2: (2ms, aug) 2 fois; 8m

Rang 3: (3ms, aug) 2 fois; 10m

Rang 4: (4ms, aug) 2 fois; 12m

Rang 5: (5ms, aug) 2 fois; 14m

Rang 6: (6ms, aug) 2 fois; 16m

Rang 7: (7ms, aug) 2 fois; 18m

Rang 8-9: ms autour; 18m

Rang 10: (dim, 7ms) 2 fois; 16m

Rang 11: (dim, 6ms) 2 fois; 14m

Rang 12: (dim, 5ms) 2 fois; 12m

Rang 13: (dim, 4ms) 2 fois; 10m

Finir et laisser un long fil pour coudre l'oreille à la tête. Ne pas remplir les oreilles

Corne (faire 1):

Fil gris: 2 ml

Rang 1: 6ms dans la 2ème ml à partir du crochet;6m

Rang 2: (2ms, aug) 2 fois; 8m

Rang 3: (3ms, aug) 2 fois; 10m

Rang 4-5: ms autour; 10m

Rang 6: (4ms, aug) 2 fois; 12m

Rang 7: ms autour; 12m

Rang 8: (5ms, aug) 2 fois; 14m

Rang 9-14: ms autour; 14m

Finir et laisser un long fil pour la couture. Remplir la corne (Pic.6).

Museau (faire 1):

Fil rose clair: 2 ml

Rang 1: 6ms dans la 2ème ml à partir du crochet;6m

Rang 2: (2ms, 3ms dans la prochaine m) 2 fois; 10m

Rang 3: (2ms, aug 3 fois) 2 fois; 16m

Rang 4: aug 16 fois; 32m

Rang 5-8: ms autour; 32sts

Rang 9: (14ms, dim) 2 fois; 30m

Finir et laisser un long fil pour coudre le museau à la tête

Yeux (faire 2):

Fil noir: 2 ml

Rang 1: 6ms dans la 2ème ml à partir du crochet;6m

Rang 2: (2ms, 3ms dans la prochaine m) 2 fois; 10m

Rang 3: (2ms, aug 3 fois) 2 fois; 16m

Terminer avec une mc et laissez un fil assez long pour la couture. Broder les yeux en bleu et blanc.

Cheveux :

Faites les cheuveux avec n'importe quelle combination de couleur que vous choisissez. J'ai utilisé le lilas, le rose clair, le rose foncé et le vert clair.

Avec la première couleur de fil: 46 ml

R 1: 1ms dans la 2ème ml à partir du crochet, 1ms dans les 44ml suivantes; 45m (Pic.10-11)

R 2-4: 46 ml, 1ms dans la 2ème ml à partir du crochet, 1ms dans les 44ml suivantes; 45m (Pic.12- 14). Finir et laisser un long fil pour coudre les cheveux à la tête. Faites 3 mèches de cheveux dans chaque couleur (Pic.15).

Queue:

Utilisez les mêmes fils de couleur pour la queue que pour les cheveux.

Avec la première couleur de fil: 46 ml

R 1: 1ms dans la 2ème ml à partir du crochet, 1ms dans les 44ml suivantes; 45m

Finir et laisser un long fil pour coudre la queue au corps. Faire 1 crin dans chaque couleur

Détails de Finition

1. Remplir le museau et le coudre sur la tête au rang 6-13.

2. Coudre les yeux à la tête entre les rangs 13-18, la corne sur la tête Rg. 25-28 et les oreilles sur la tête Rg. 24-26.

3. Avec le fil noir, brodez le nez, la bouche et les cils.

4. Coudre la tête au corps

5. Coudre les bras au corps entre les rangs 24-25.

6. Coudre les jambes au corps

7. Coudre les cheveux sur la tête.

   a) Coudre la 1ère mèche sur la tête.
   b) Coudre la 2e mèche de cheveux sur la tête en laissant un petit espace entre les 2 mèches.
   c) Coudre les 3e et 4e mèche de cheveux de la même manière, en laissant un petit espace entre elles
   d) Coudre le reste des mèches sur la tête

8. Coudre les crins de la queue au corps

Résumé

Le tricotage est une activité amusante que vous devriez essayer. L'apprentissage n'est ni long ni difficile et quelques essais suffiront pour y arriver. Une fois que vous aurez commencé, vous aurez envie de vous lancer dans des projets plus grands et plus complexes.

Les deux éléments essentiels dont vous aurez besoin pour faire du crochet sont un crochet et du fil. Le choix du crochet est libre, du moment que vous le trouvez facile à utiliser. Le type de fil dépend entièrement de vos préférences.

Beaucoup de gens ont tendance à utiliser de la laine, tandis que d'autres préfèrent le coton ou l'acrylique. Les ciseaux et les marqueurs de points sont des outils qui facilitent le crochet, même s'ils ne sont pas absolument nécessaires.

Je recommande aux débutants d'utiliser une taille de crochet comprise entre E et H. Souvenez-vous qu'une taille trop grande rendra votre crochet plus difficile à manier. Il est préférable de commencer par quelque chose de facile lorsque vous débutez !

Le crochet est un formidable moyen d'offrir des cadeaux uniques et personnalisés, ainsi que de magnifiques décorations pour votre maison ou vos vêtements. Il n'y a pas de meilleur sentiment que de fabriquer quelque chose et de le voir apprécié par les autres !

La popularité du crochet ne cesse de croître pour de nombreuses raisons : c'est amusant de créer ses propres vêtements, décorations pour la maison, jouets et de montrer sa créativité ; cela peut être relaxant, divertissant et souvent, cela crée un lien fort avec des amis ou de la famille si vous décidez de collaborer sur un projet.

Avant de vous lancer dans vos projets, rappelez-vous qu'il est important de ne pas couper le fil au ras du nœud après la couture. À cause de l'utilisation répétée et du lavage, le nœud coupé finira par se défaire et pourrait ruiner votre pièce. Afin que cela ne se produise pas, vous devez laisser suffisamment de fil pour le cacher et terminer parfaitement le projet.

La compréhension du crochet n'est ni longue ni difficile, car il suffit de quelques essais pour s'y habituer. Lorsque vous aurez commencé, vous serez impatient et intéressé par des projets plus grands et plus difficiles.

Même les projets avancés sont faciles à maîtriser une fois que vous connaissez les bases, alors amusez-vous toujours, et si vous avez l'impression d'être dans une impasse, ne vous inquiétez pas : référez-vous à ce livre ou à ces modèles, et vous serez sur la bonne voie en un rien de temps.

Bonne chance !

P.S.

Votre opinion compte beaucoup pour moi ! J'aimerais savoir ce que vous avez pensé du livre que vous venez de lire, car cela m'aidera à améliorer la qualité de mes futurs ouvrages et à mettre à jour les livres existants. Vos commentaires sont donc extrêmement précieux pour moi. N'hésitez pas à partager votre expérience de lecture avec moi, j'ai hâte de découvrir vos impressions ! Merci infiniment.

Cordialement,

Michelle Pfizer

Bonus

Téléchargez votre bonus

Printed by Amazon Italia Logistica S.r.l.
Torrazza Piemonte (TO), Italy